"十三五"国家重点图书项目

国家出版基金项目
NATIONAL PUBLICATION FOUNDATION

中国德国文化交流史

丁建弘◎著

一带一路

中外文化交流史

何芳川◎主编

国际文化出版公司
·北京·

图书在版编目（CIP）数据

中外文化交流史．中国德国文化交流史／何芳川主编；丁建弘著．-- 北京：国际文化出版公司，2020.12

ISBN 978-7-5125-1271-9

Ⅰ．①中… Ⅱ．①何… ②丁… Ⅲ．①中外关系－文化交流－文化史－德国 Ⅳ．① K203 ② K516.03

中国版本图书馆 CIP 数据核字 (2020) 第 264004 号

中外文化交流史·中国德国文化交流史

主　　编	何芳川		
作　　者	丁建弘		
统筹监制	吴昌荣		
责任编辑	崔雪娇		
出版发行	国际文化出版公司		
经　　销	全国新华书店		
印　　刷	文畅阁印刷有限公司		
开　　本	710 毫米 ×1000 毫米	16 开	
	6.5 印张	100 千字	
版　　次	2020 年 12 月第 1 版		
	2020 年 12 月第 1 次印刷		
书　　号	ISBN 978-7-5125-1271-9		
定　　价	38.00 元		

国际文化出版公司
北京朝阳区东土城路乙 9 号　　邮编：100013
总编室：（010）64271551　　传真：（010）64271578
销售热线：（010）64271187
传真：（010）64271187—800
E-mail：icpc@95777.sina.net

目录

Contents

第一章
『向中国』：汤若望—莱布尼茨时代

中西文化交流史上出现的第一个高潮，当在我国的明末清初，那时西学东渐对中国的影响至深且大，但同时出现的东学西传，对西方的影响更是至深至远的。

对欧洲而言，中国精神世界的真正发现者首推意大利耶稣会士利玛窦(Matteo Ricci, 1552—1610), 但第一个接近中国皇帝、通过担任中国朝廷大员使西学东渐和东学西传的欧洲人，却是德籍耶稣会士汤若望（Adam Schall von Bell，1591—1666），他的这种地位在西方传教士中是独一无二的。被喻为早期中西方交流史上三巨星的利玛窦、汤若望和南怀仁（Ferdinand Verbiest，1623—1688），在把中华古典文化西传中都起过卓越的作用。在他们的时代，“汉学”和“天学”（或称“西学”）正式形成。[①]

① 何谓“汉学”，精确的含义迄今争论不休，以愚之见，是否可取其“核心”共有之义暂作妥协：对以汉语方块字为主体的汉民族传统文化之外部研究的中华学问。

利玛窦画像

汤若望画像

南怀仁画像

汤若望生于德意志莱茵河畔的科隆城，20 岁就加入耶稣会，精于数学、铸器和天文学，很早就希望到中国传教。1620 年（明万历四十八年）7 月奉命抵澳门，1622 年（明天启二年）随法籍耶稣会士金尼阁（Nicolas Trigault，1577—1628）到广州，经粤、赣、浙北上，1623 年抵北京学习汉语。他在京时向朝廷呈递书目，陈列仪器，正确预报了 1623 年 10 月 8 日和 1624 年 9 月发生的两次月食，得到朝廷和一些士大夫的赏识。1627 年他奉耶稣会令到西安、南京等地传教。汤若望接受前人传教经验，采取“适应政策”（所谓容忍中国人的礼仪和某些风俗），采“科学布道”“科普传教”和“结纳上层”之途，事事审慎。1630 年（明崇祯三年）他在中国科学家徐光启的推荐下，召回北京，参加修订谬误甚大的《大统历》。徐光启当时任礼部尚书兼东阁大学士，本人是农学家和天文学家，从利玛窦、汤若望学习天文历算、数学、测量和水利等知识，成为中国学习西方科学技术的先行者。正是在他的大力支持下，汤若望才得以于

金尼阁画像

1634年编成《崇祯历书》137卷。汤若望还为明朝宫廷设计天文、光学、力学仪器，制造火炮和乐器。先后编著《古今交食考》《测日说》《恒星出没》《浑天仪说》等天文著作，编写《几何要法》《新法算术》等数学著作；《主制群征》一书论及自然界、动植物，内中对人体内脏、血液功能的叙述，引起我国医学界的关注；《火攻挈要》是其讲课记录，介绍火炮的图样、制造和应用；[①]《远镜说》叙述望远镜的原理、制作、用法和保养知识。这些西方科技知识在填补中国的科技不足、丰富中国的科技文化方面做出了很大贡献。

1644年明清易代，汤若望继续受到重用。他把前朝搁置的《崇祯历书》加以修改压缩，定名为《西洋新法历书》进呈清政府，钦定名为《时宪历》，这就是一直沿用至今的阴历。1645年（顺治二年）汤若望被任命为钦天监正（今谓天文局局长），总管皇家天文机构，成了顺治帝的亲信和顾问。顺治帝常召他入内宫咨询，并呼为“玛法”（满族人对长辈之尊称），恩宠有加。1650年（顺治七年）顺治帝赐金千两，在宣武门内建天主堂一座。汤若望多次受到清廷的诰封。顺治帝曾下旨意，要将这些诰封文件“制成绢轴，邮寄西国”，让汤若望家属领取。诰封文件计有：清顺治八年追封汤若望祖父母、父母之敕谕；清顺治十年颁封汤若望之敕谕；此外还有清康熙元年追封汤若望三代与颁封汤若望之敕谕等。在顺治十年的所谓《奉天敕谕》中写道：“皇帝敕谕太常寺卿管钦天监事汤若望……尔来自西洋，涉海十万里，明末居京师，

① 汤若望曾受命监铸西式大小火炮计五百数十尊。

精于象纬，闳通历法……但以远人之故，多忌成功，历十余年，终不见用。朕承天眷，定鼎之初，爱咨尔姓名，为朕修大清时宪历，迄于有成，可谓勤矣。尔又能洁身持行，尽心乃事，董率群官，可谓忠矣。今特赐尔嘉名为通玄教师。余守秩如故，俾知天生贤人佐佑定历，补数千年之阙略，成一代之鸿书，非偶然也。尔其益懋厥修，以服厥官，传之史册，岂不美哉。”而在康熙元年的敕谕之篇末，还总括了汤若望历任的各项官职：“汤若望海澨远人，觐光上国，爰授司天之职，用观治历之才，任事有年，夙夜克勤于尔位……初任钦天监正，二任太常寺少卿，三任太仆寺卿仍管监正事，四任太常寺卿仍管监正事，五任通政使司通政使用二品顶带仍管监正事，六任今职。”[①] 今职者乃指光禄大夫，正一品大员。我们从此中比较确切地知道，1653 年（顺治十年）汤若望官封太常寺卿兼钦天监正，嘉名“通玄教师”（后改“通微教师”以避康熙名玄烨），赐田产一块以褒奖其沟通中西科学文化、改革历法的功绩；不久升任通政使司通政，使用二品顶带仍兼钦天监正；1658 年（康熙元年）又加升一级，进光禄大夫，正一品大员。他在一定程度上影响中国最高当局的施政方针。汤若望一边当官，一边传教，同时筹办规模甚大的科学图书馆。他使许多传教士得以来华传教。在 1652—1662 年 10 年里，中国的基督教徒增加一倍，达 30 万（一说 50 万）人。值得一提的是，在汤若望领导下建立的北京皇家天文台，250 年后却遭到另一个德国人瓦德西的劫掠。

① 这些 300 多年前中国皇家之原物，现仍完好无损地珍藏在德国慕尼黑路德维希·马克西米利安大学图书馆内。引文均见原件。

1665年汤若望招致同僚官员杨光先的弹劾，被加“十大罪状”，判死刑下狱，天主教的传教活动悉被禁止。后其以“功勋卓著”免死，一年后病逝。1669年得到平反，完全恢复名誉，葬于北京阜成门外滕公栅栏，得到与其官职相称的葬典。

西方传教士所绘的汤若望与顺治帝，德国慕尼黑博物馆藏

汤若望在中国生活了40多年，自1623年到北京后再也没有返回故里。在华期间他共著有28部作品，中心部分为天文学著作，西方的天文历算知识自此“落籍”中国。但在中西文化交流中更具有意义的，应数他的拉丁文回忆录《汤若望回忆录》（*Historica Narratio ex Litteris Johannis Adami Schall*），共三卷，记述他在中国的经历：第一卷记述耶稣会士在明末传教经过；第二卷记述清

初重开历局，顺治对他的宠幸和对天主教的优待以及顺治的宫廷生活；第三卷记述顺治去世前后和立康熙的经过及他晚年受封官爵的情况。《汤若望回忆录》写于 1661 年，同年由德籍探险家、耶稣会士白乃心（Johann Grüber，1620—1665）携出北京，经西藏及波斯，于 1664 年带到罗马，保存于耶稣会总会，1665 年在维也纳出版。此外，中国的瓷器、景泰蓝、丝绸织品和地毯等东方艺术品也曾由他和其他西方传教士寄带到欧洲和德国。

这一时期的中德交往中，最大障碍是两方之间路途不明，语言相异。传教士在这方面做了不少工作。汤若望本人在西安时，就曾认真研究过欧亚陆路交通问题，绘制了地图。意大利耶稣会士艾儒略（Jules Aleni，1582—1649）在华编辑出版的《职方外纪》中，向中国人第一次简明、真实地介绍“亚勒玛尼亚”的情况，

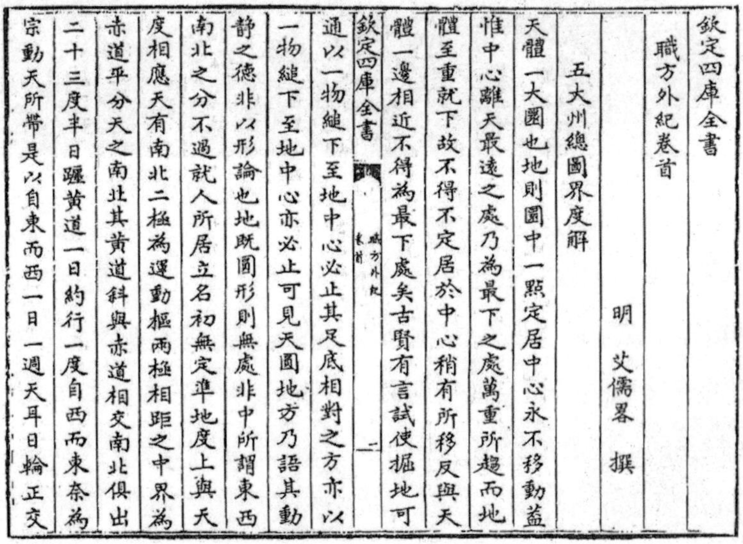
欽定四庫全書
職方外紀卷首
明 艾儒畧 撰
五大州總圖界度解
天體一大圜也地則圜中一點定居中心永不移動蓋
惟中心離天最遠之處乃為最下之處萬重所趨而地
體至重就下故不得不定居於中心稍有所移反與天
體一邊相近不得為最下處矣古賢有言試使掘地可
欽定四庫全書　職方外紀　卷首
通以一物縋下至地中心必止其足底相對之方亦以
一物縋下至地中心亦必止可見天圜地方乃語其動
靜之德非以形論也地既圜形則無處非中所謂東西
南北之分不過就人所居立名初無定準地度上與天
度相應天有南北二極為運動樞兩極相距之中界為
赤道平分天之南北其黃道斜與赤道相交南北俱出
二十三度半日躔黃道一日約行一度自西而東奈為
宗動天所帶是以自東而西一日一週天耳日輪正交

《职方外纪》书影

亚勒玛尼亚也就是德意志兰的另一称呼。与此同时，德籍传教士苏纳（Bernhard Diestel，1623—1660）、白乃心等人也在探索两国通道，他们穿南亚、去西亚，往返于北京和罗马之间，试图在陆路上打开欧亚通道。18 世纪中，德意志传教士魏继晋（Florian Bahr）编辑汉德词典，选汉语词汇 2200 个，为迄今所知最早的汉德词典。以后陆续有传教士编纂各种字典，有助于中德文化交流。

真正使中德文化发生密切交往的奠基人是哥特弗里德·威廉·莱布尼茨（Gottfried Wilhelm Leibnitz，1646—1716）。这位出身于莱比锡新教法学家家庭的新教徒学者，是同英国的洛克、牛顿，荷兰的斯宾诺莎，意大利的维柯同时代的著名哲学家和科学家。他广博的才能不仅对古代哲学和中世纪神学有深刻的了解，而且在逻辑学、数学、力学、地质学、法学、历史学、诗学、语言学乃至政治学等人文科学和自然科学诸领域，都有独到的建树，被认为是当代德国最有学问的人。他自从在 17 世纪末受到普鲁士选侯妃、稍后的普鲁士王后索菲娅·夏洛苔的延聘，在柏林从事启蒙文化和科学活动以来，就成

哥特弗里德·威廉·莱布尼茨画像

洛克画像

普鲁士王后索菲娅·夏洛苔画像

斯宾诺莎画像

维柯画像

了普鲁士“新文化运动”的旗手。后来弗里德里希大王不无钦佩地说，莱布尼茨“一个人就是一整个科学院”。

莱布尼茨首先是一位伟大的启蒙思想家，他的科学活动是同他的理性的思考和完美的探索紧紧联系在一起的。他把他的眼光整个转向中国，转向中国的文化，而且终生不渝，遂成为同时代人中对中国最感兴趣的学问大家。他和同时代的西方启蒙学者培尔（Pierre Bayle）、马尔布朗士（Nicole Malebranche）、孟德斯鸠（Baron de Montesquieu）和伏尔泰（Voltaire）一样，受在华的西方传教士报告的影响，对中国的宗教和哲学传统为之神往。中国古代的文化就像是某种“上帝的启示”影响着他们。伏尔泰认为在中国才真正实现了他的“普遍理性”原则，因而大加褒扬，而莱布尼茨是第一个认识中国文化对西方发展具有精神意义的人。1687年以前，他就接触到中国的儒、释、道三教思想，读过中国古代哲学家老子特别是孔子的著作，而且很显然，他对斯比塞留斯的《中国文学》（Th.Spicelius，*De Re*

Literaria Sinensius，1660）和德意志人基歇尔著名的《中华文物图志》（A.Kircher，*China Monumentis Illustrata*）是很熟悉的。基歇尔曾任罗马学院数学、希伯莱文、叙利亚文教授，并留任罗马学院多年，在此结识了许多曾留东亚的意大利传教士，他把所有搜集到的有关中国的资料信息，汇编成一部中华历史，1667 年在阿姆斯特丹出版，影响很大。1672 年柏林出版了修道院长米勒（Andreas Müller）的附有乐曲和"修正"的《中华文物图志》的拉丁文本。由于此书以图片为主，乃成 17 世纪关于中国的百科全书。莱布尼茨几乎读遍当时传教士有关中国的报道。1689 年莱布尼茨游历罗马时结识了在华担任过钦天监正的意大利耶稣会士闵明我（Philippe Marie Grimaldi），请他再次去中国时帮助了解中国的火药制造、养蚕、造纸、航海、天文、历史以至中国的语言文字。后他在同闵明我的通信中得知不少关于中国的知识，其中包括对康熙皇帝的赏识。对他影响甚大的尚有比利时耶稣会士柏应理（Philippe Couplet）等译著的《西文四书直解》，拉丁文书名叫《中国哲学家孔子》（*Confucius Sinarum*

1667 年拉丁语版的《中华文物图志》封面

Philosophus），1687年在巴黎出版。此书把《大学》《中庸》《论语》译成拉丁文，并附有周易六十四卦和六十四卦的意义以及汉语方块字。莱布尼茨得知《易》和中国的方块字似从此开始。这些中国文化使莱布尼茨着了迷。首先是中国文化中的人文主义及理性主义特质。中国文化发展的独特趋势，是宗教色彩淡化，并以非宗教的理性主义和人文精神为基色的儒家文化占统治地位。这种人文精神反对神的世界和神的权威，而把“人”置于中心地位，把一切现象都归因为自然而不归因为神奇。这与欧洲中世纪传统文化中浓厚的宗教神学色彩形成鲜明的对照。莱布尼茨把中国文化中倡导遵循自然规律行事的理性主义推崇为“自然神论”或“理

《中国哲学家孔子》是柏应理领导团队所撰写的

神论”，中国正是按“自然法”治理国家的典范。其次是儒家“修身为本”“为政以德”的学说中产生的德治主义政治主张。这种“德治主义”和“开明君主”在一个时期几乎成了大多数启蒙学者向往的政治理想；再次就是中国政府对农业的高度重视和有效的管理。中国不仅长期保持国家的统一，而且创建中古世界最灿烂的农业文明，领先于世界；最后还有中国奇妙的语言也许是最合适的世界语言，中国奇妙的方块字和八卦符号也许寓藏着某种博大精深的学问。

1697 年莱布尼茨编辑出版重要著作《中国新讯》（*Novissima Sinica*，*Historiam nostri tempìoris illustratura*），不久再出一版。他为此致信王后索菲亚・夏洛苔：“我在我的门上贴了一个纸条：‘有关中国动态办公室’，以便让每个人都知道，他们可以向我提出了解中国最新情况的请求。”[①] 在这部著作和其他相关言论中，可以看出莱布尼茨对中国文化的巨大热情和重视：认为中国儒家的理论基础同基督教的教义有许多共同之处，把自己所致力的欧洲和平的“大和谐”理想同中国的“大同”思想、“大一统”思想紧密联系起来。他在序言中称：中国和欧洲两大文化源泉相互交往将大有裨益于双方；西方的自然科学和思辨哲学、逻辑学等对东方有启蒙作用，而中国的实用哲学和政治道德对于西方同样具有魅力，“以我看，当前我们的道德腐败，杂乱无章，这似乎使我觉得，像我们派遣传教士前往中国传授天启神学一样，有

① 引自安文铸等编译：《莱布尼茨和中国》，福建人民出版社，1993 年版第 143 页。

必要就自然神学的目标和修行请中国派遣人员来指导我们。因此我相信，倘若请圣哲来担任裁判，并非裁判诸神之形象，而是裁判诸民族的善良美德，那他定会将金苹果奖给中国人”。[①]显然，当莱布尼茨对中国的看法尚处于诸多理想化时，在下述一点上已超出他的时代：认识到人类文化的普遍性质，把中国文化或东亚文化同欧洲文化放在“同等级”上，使“世界的两极”的伟大文化相互接近和平等交流。人们都说莱布尼茨是“尊孔派”，其实他更多的是借儒家所倡导的“秩序”和“道德”中的实用哲学，来表达他对当时国家分裂割据、战乱不止和诸侯暴虐的不满。从1696年起，莱布尼茨就致力于创建柏林科学研究院，以利于仿中国式的艺术和科学的发展。他明确地说，他想以柏林科学研究院为“手段”，“打开中国门户，使中国文化同欧洲文化互相交流”。他还鼓励在莫斯科成立一个类似的研究所，作为联系西欧同中国交流的分机构，为此他曾请求沙皇彼得一世修筑通往中国的大道，使中西交流能经陆路进行。

中国儒家学说对莱布尼茨的哲学观念，特别对他的单子学说有一定的直接影响。但对他更有意义的，也许还是中国的《易》对其“数”或“代数”的影响。17世纪90年代末期，他在致普鲁士选侯一份备忘录中就说到，两千多年前中国人的一些古老符号（指伏羲留下的八卦），现今不能懂得，但其中确实保存着某种“新的数学钥匙”。这里涉及的是莱布尼茨的“函数论”思想，

① 转引自韦尔·实朗特、阿利尔·实朗特：《人类文化史》（Will und Ariel Durant, *Kulturgeschichte der Menschheit*）第14卷，慕尼黑，1982年版第265~266页。

相信只要用很少数目就能从“无有”中推算、创造出一切。差不多同时，莱布尼茨开始了同白晋之间讨论《易经》的著名通信。白晋（Joachim Bouvet）是法国在华的耶稣会士，对莱布尼茨的《中国新讯》亟表尊崇。当莱布尼茨表示希望用“数”或“代数”去证明抽象的必然原理，并且想在中国文字里寻求这些哲学符号时，白晋就把《易经》加以介绍，建议莱布尼茨把《易》的原理应用到数或代数的证明中去。他把《易》的六十四卦圆图和圆内按八卦排列的方圆相赠。莱布尼茨对卦的数学排列顺序详加研究，很快就发现《易》的二进制原理，这与他在 1679 年发明的二进制算术完全相符。这一发现把东西两大文明之间的距离拉近了一些。

在莱布尼茨那里，这种“向中国”的方针到处可见。但也必须看到，他对中国的热情和努力所产生的效果，总的说来还是微小的。1700 年由他奠定的柏林科学研究院，在 1707 年 3 月仅仅被分配到一项“桑叶特许”，用以研究制造丝绸。他的思想哲学遗产，由弗朗克（A. H. Francke，1663—1727）所接受，按莱布尼茨计划中的教会政策和布道政策行事。在哲学领域中，克里斯提安·沃尔夫（Christian Wolff，1679—1754）继续

克里斯提安·沃尔夫画像

普鲁士弗里德里希大王画像

从事中国精神世界的研究。1722 年他在哈勒大学发表题为《论中国的实际哲学》的演讲，把孔子的伦理学和基督教的伦理学相提并论，激起新教神学家们的愤懑，不得不离开哈勒去马尔堡大学工作，直到弗里德里希大王把他召到柏林去。他对中国儒家哲学的尊崇和研究一直不断。在哲学和社会科学中，中国和中国的实用哲学乃是西方和德意志学术界占主导的研究课题。18 世纪初，沃尔夫的学生和同事、杜宾根的布尔芬格尔（G. B. Bülfinger，1693—1750）已在从事重新介绍中国哲学的工作，著作名为《由儒家典籍所见的政治与道德的学说及其实例》，把政治和哲学合为一体，称誉中国是一方乐土，中国的众王皆为真正的哲学家。

第二章

洛可可风：中国文化情结

17 世纪末和 18 世纪初，中国的文化和政治发展都达到某种高峰，再经耶稣会士们所介绍的理想化的中国图像，强烈影响了欧洲的艺术风格和生活情趣。作为中国文化载体的瓷器、漆器、绘画的丝织品、壁纸等在欧洲成为当时人们多方搜求的珍品。中国为输出而制造的这类工艺品开始大量进入欧洲，欧洲本身也越来越多地加以仿造，乃至在建筑、园林和各种装饰中都融入中国题材和中国风格。当然这些仿造品和题材细看起来完全是洋化的、奇特的，同真正的中国文化载体几乎没有相同之处，然而正是这一点，才说明它是相互文化交流与影响的结晶。这就是我们要谈到的一度风靡欧洲的“洛可可风”及其时代。

现代德国学者拉斯克（Laske）在他的 20 世纪初问世的《西洋，特别是在德国的东亚美术的影响》一书中，曾“大胆断言”，“如果没有中国手工艺术的强烈影响，法国就一定不会有，因而欧洲也就一定不会有巴洛克艺术和洛可可艺术”。此语对巴洛克艺术是言重了，而对洛可可艺术大致是准确的。

18 世纪的洛可可风体现出一种世俗的欢乐主义的人生态度，

同16世纪以来的那种沉重、拘谨和刻板的巴洛克风形成鲜明的对照。“洛可可”（rococo）一词源自法文“罗开”（rocaille），含义为“贝壳饰品”。其特征，具有纤细、轻盈、华丽和烦琐的装饰性；喜用C形、S形或旋涡形曲线，爱好轻淡柔和色彩、苍白的基调和没有明显的色界，这同中国艺术崇尚的超脱、淳朴、宽放、想象相一致，并以纤细轻淡色调的中国瓷器作为典型原质的。“洛可可风”的发源地是路易十五在位时期的法国。这种“中国味的新风尚”不久遍及德、英、意、西等欧洲主要国家，盛期从18世纪20年代至70和80年代。可以说，“洛可可风”是在“中国风”直接影响下出现的，是欧洲人的一种中国文化情结。“洛可可”时代不仅发展了中西之间哲学文化的亲合性，而且也接受了中国的艺术和工艺。

一个洛可可风的室内设计

“洛可可”时代的欧洲人对于中国的认识，主要不是通过文字，而是通过淡色的瓷器、色彩飘逸的闪光丝绸和金色的漆器这些美的表现形式。在18世纪欧洲社会面前，这些美的表现形式展现出一种他们梦寐以求的幸福生活的图景。

瓷器 西方最早提到中国瓷器的是马可·波罗。中国瓷器最初只有西方宫廷和王室贵胄才能享受。1435年德意志黑森家族卡泽尼博根公爵藏有一只素身瓷碗，系14—15世纪中国的青瓷碗，珍如拱璧，镶以银座，几百年来为该家族世袭藏品，为世所羡。18世纪在欧洲人的概念中，“瓷器”就是“中国”。[①]法国人喜欢中国的彩瓷，德意志人偏爱中国的青瓷。欧洲社会出现的中国瓷器热，正是在“洛可可”时代。瓷器的温雅清脆象征这一时代的特有情调。

中国瓷器的输入推动欧洲瓷业的建立和发展。早在1540年威尼斯人首先试制了一种“梅狄基”（Medici）瓷器，与华瓷颇像，但器身粗糙，色泽呈黄。一个世纪以后这种制瓷技术通过荷兰，传到德意志兰，先在纽仑堡、富尔特和拜罗伊特等地试产。欧洲在制瓷技术中取得决定性成功的是德意志人波特格尔（Johann Friedrich Böttger）和恰尔恩豪森（craf Tschirnhausen），1709年他们在德累斯顿制成硬瓷。1710年，波特格尔在德累斯顿附近的迈森设立瓷厂，出产彩瓷。1714年第一只迈森瓷器——带柄瓷杯——在莱比锡博览会上展出，声名大噪，生意兴隆。瓷器业不久居然成为萨克林最重要的工业部门。七年战争时期（1756—1763），普鲁士弗里德里希大王占领萨克森，就利用迈森的瓷器作为清偿战争债款的物品。他在送给卡玛斯伯爵夫人一只瓷瓶时附言说:“送

---

① 西方人称瓷器为“波斯兰”（英文Porcelain，法文Poircelaine，德文Porzellan），据说这是因为中国青瓷的主要色料当时系来自波斯（今伊朗）的靛蓝。笔者以为这多半只是某种“巧合”的解说，算不得真。

东德邮票上的迈森瓷器

上一点小礼品，愿您能够想到我。……目前我的财富就只有这些清脆的东西。希望我送上的这些东西可以抵偿现金，因为我们穷得像乞丐，留在我们这里的，除了荣誉、剑和瓷器外，一无所有。”弗里德里希大王从迈森瓷的获利和普鲁士财政的拮据中受到“启发”和“激励”，从商人哥茨可夫斯基处以22.5万塔勒买下他的瓷厂，后来成为著名的“王家瓷器工场”。迈森瓷的制作方法，因保密不得而知，但就其器形来说，大多采用中国模式，例如“蒜头模式”同中国的“石榴模式”多少存在着相仿关系。至于花纹装饰，则效仿中国的白瓷做人物花卉鸟兽的浮雕，乃至用金色绘制中国人物，称之为“金色的中国人”，颇为新奇有趣。瓷器上绘作龙形，也是中国的传统装饰。不过他们虽然用中国的饰纹，却带有明显的欧洲手法。

“洛可可”时代的德意志兰，瓷器的意义可从其大量收集瓷器一事中得到反映。收集品多置于“洛可可”宫的“中国室”内，有代表意义的诸如奥地利勋布隆路德维希斯堡宫的中国室、慕尼黑旧王宫的“镜厅”（1729年毁于大火）、安斯巴赫宫的“明镜沙龙”和“士绅瓷室”等。柏林的蒙必鹫宫（后改为霍亨索伦博物馆）尚存一旧指南书，内中载着当时所藏的大量中国瓷器、文物、饰品和珍品。

霍亨索伦城堡

漆器画与轿子 中国轻巧精良的漆器画也被具有新艺术发展感的洛可可所接受。迈森瓷上常着的金色和黑色，正是漆器画的典型颜色。

漆器制造的秘密是不是由耶稣会士奥士塔希乌斯最早带回罗马，尚待考证。但中国漆器的优秀仿制品17世纪已在法国造出，却是确凿无疑的。法王路易十五的情妇彭巴杜夫人（Madame de Pompadour）被人尊为“洛可可之母”，实可视为洛可可时代的象征。

她是著名的漆画爱好者。1752 年为她的蓓拉孚宫订购了大批漆器画。18 世纪中叶后，德意志兰也出现漆器画的崇拜者。德意志艺术家施托帕瓦塞尔（Johann Heinrich Stobwasser）无意间获得法国漆器的配方，1757 年取得良好结果。开始他在安斯巴赫父亲处生产并出售漆杖，这种漆杖被弗里德里希大王在军队中广为使用。施托帕瓦塞尔的漆器绘制中国的风景和人物，1763 年他在不伦瑞克定居后成立一家特许漆器厂，上漆的鼻烟壶举世闻名。弗里德里希大王还亲自延聘法国名漆工罗伯特·马丹（Robert Martin）入宫制作。

彭巴杜夫人画像，存于法国卢浮宫博物馆

上漆的中国抬轿也在这时出现。按东亚特别是中国的模式制作的轿，17世纪初首次引入欧洲，此后作为一种等级制度的标记在欧洲广为流传。在中国只有皇帝才得乘黄顶轿，欧洲各国也仿此创设“轿制度”：按形式和颜色区别乘轿者的等级。1727年维也纳出现一次按等级轿列出巡大典，帝国皇帝乘特别华丽装饰的轿子，走在前列，接着是宫廷和枢密院轿子，洋洋大观。当时规定：“病人、奴婢仆役、犹太人等不得乘轿。”据记载，自18世纪开初第一年起，在德意志兰就掀起“轿狂热”。

科隆大主教克莱门斯·奥古斯特侯爵（Klemens August）称得上是地道的“洛可可”侯爵，他必须乘坐轿子才赴其辖区。奥地利对这种新交通工具特别留恋。“洛可可”高潮时期轿子遍及德意志最小的邦国。到了1861年，轿子早就过时，纽伦堡市政府还为纪念轿子而公布一个《轿法规》。18世纪中，法国人首先在轿子下部装上轮子，由马牵曳，形成后来的马车。早期马车车厢式样同中国轿式样基本一样。

丝绸　虽然这一“第一织料”早就闻名欧洲，但在“洛可可”时代才成为普遍需要。贩卖丝绸的丰厚获利，激励商人们的“干劲”。东印度公司1691年5月28日的营业账本记载，用32.7万里弗购入的丝绸，以126.7万里弗卖出，获利近4倍。巴黎当时就是欧洲的摩登中心，服装模特儿披着丝绸被送往英国、意大利和德意志兰。17世纪下半叶风行手描的丝绸，从1673年起开始风行印花丝绸，德意志兰尤甚。但欧洲丝绸质量绝非东亚丝绸之敌，无法同中国或日本的产品竞争。

壁纸、建筑和金鱼 今天欧洲大量使用的壁纸，17世纪初尚默默无闻。它的出现和风行，同样归于中国的影响。在中国，壁纸一直作为墙纸或屏风使用，或在上面作画，或使木版彩饰。17世纪欧洲海员对这类彩色装潢发生兴趣，携归欧洲，于是壁纸大量输往欧洲。欧洲当时风行室内装饰，富绅之家多用壁纸作为“壁毯”。德意志人的许多家庭对此都有一种“固定偏爱”。

中国风格的建筑对德意志兰的影响是经过法国“折光”的，因此对建筑物的形状、结构、布局等一半来自法国，一半出自想象。“洛可可”时代的房舍宫室具有中国特有的庭院风格：大屋顶、楼台亭阁、水榭宝塔等。德意志兰最典型的洛可可建筑是德累斯顿东南郊、易北河畔的庇尔尼茨欢乐宫、波茨坦的桑苏西宫和布吕尔宫的中国厅。被誉为“德意志洛可可时代最动人的建筑之一”的庇尔尼茨宫兴建于18世纪20年代，后增建新宫，建筑物采用东方大屋顶的特殊结构，侧面的凉亭以及它的扁平长狭的特点都是中国离宫别苑的特色，其门廊和上楣柱上也画着中国的人物。但它又混合着德意志的建筑风格，一种当时被称为“中国哥特建筑形式”，系“欧洲在此以前从未见过的”。这种混合风格的宫殿，同北京著名的圆明园颇为相似。在波茨坦，有数座中国式的建筑都带有飞翘的屋檐、楼台亭阁和水榭，由弗里德里希大王设计构图的桑苏西宫（无忧宫），明显具有东方的色调，有一座五层宝塔，檐上饰有飞龙，故称龙屋。乘着中国轿子四处巡视的科隆大主教奥古斯特侯爵兴建的布吕尔宫“中国厅”，两边各有一座小亭，屋檐也是飞翘的，悬挂着风铃。另外值得称道的是由这位大主教

波茨坦无忧宫

大力促成的“中国乡村别墅”的建造。他把建筑大师吉拉德（Girard）从慕尼黑请到科隆。吉拉德曾在施莱斯海姆和尼姆芬堡从事中国风格的建筑工艺达十年之久，成绩卓著，遐迩闻名。

路德维希二世画像

另外，巴伐利亚国王路德维希二世本来打算在他的王国仿建一座圆明园，他让人在塔夫绸上绘制了40幅圆明园宫殿作品进行展览。可惜这一计划后来未能实现，这些作品今天还珍藏在巴黎的“版画陈列室”里。他的先祖之一马克斯·艾曼努埃尔却早在1719年就成功地建造了“塔堡”，[①] 坐落在慕尼黑的尼姆芬堡公园内。艾曼努埃尔爱好中国建筑，塔堡就是他自行设计的，所用的蓝白装饰，也是“洛可可”艺术的典型特征。卡塞尔的选侯也想仿照中国村落建造“中国村”，1781年选择在威廉高地湖之南的魏森斯泰因地方兴建。所有建筑物均是中国式平房，村子命名为“木兰”，在村落附近的山麓下有一衣带水，称为“湖江”。这实际上是一个中国式公园，主要设计者是德意志风

① 艾曼努埃尔在尼姆芬堡修建夏宫，园内有一座中国式的塔，故名。

景园艺家塞凯尔（F. L. Sekell），他于 1773 年由卡塞尔选侯所派，到英国学习中国的园林建筑。这个“中国村”今天尚存有塔和魔桥。

中国影响在园林建筑中也值得注意：宝塔高耸；在亭子中间放置中国的雉笼；在中国式的桥下金鱼嬉戏其间。在德意志兰，仿造中国凉亭最成功的，当推 1754 年建造的桑苏西宫苑中的中国茶亭（也有人称“日本亭”）。法国的彭巴杜夫人是第一批获得中国金鱼标本的人，不久饲养金鱼之风在巴黎和维也纳流传，此后就流传于整个欧洲。德意志作家翁策尔（Ludwig A. Unzer）在 1773 年著有《中国园艺论》一书，认为“中国的园林是一切园林艺术的典范”。

原产于中国的金鱼

“洛可可”时代的中国影响遍及欧洲社会生活的各个方面（包括衣着服饰），这种影响到今天还能感受到。

第三章 『视线所窥，永是东方』：歌德一代

这是德意志大文豪约翰·沃尔夫冈·歌德（Johann Wolfgang Goethe，1749—1832）在他的14章诗《中德季日即景》（*Chinesisch-deutsche Tages- und Jahreszeiten*）中的重头诗句，抒发他对中国和中国文化的赞赏之情。有中国现代译家把“东方”译成泛义的“太阳”，似乎离歌德的初衷相去甚远。

约翰·沃尔夫冈·歌德画像

18世纪中叶后，中国的文学艺术才开始对德意志兰发生影响。德意志人第一次接触中国文学，大概是法国人杜赫德所撰《中华帝国全志》（Du Halde，*Description géographique*，*historique chronique*，*politique et physique de l'Empire de la Chine et da la tartarie Chinoise*，1735年出版，1747—1749年译成德文）。《中华帝国全志》刊登中国元曲《赵氏孤儿》、四回《今古奇观》以及十几首《诗经》。德意志人穆尔（Murr）是第一个介绍中国长篇小说的人，他把《好逑传》从英文译成德文。

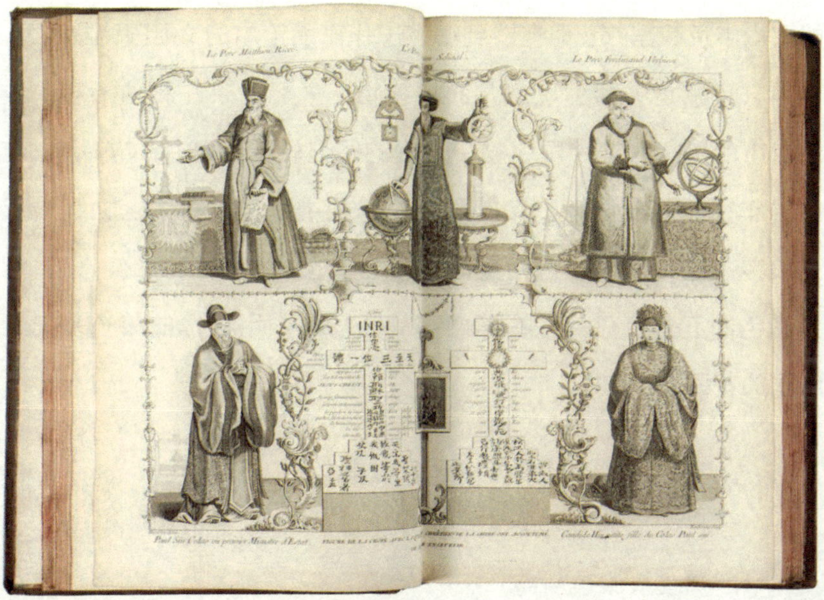

1735年法文版《中华帝国全志》

歌德代表了中德文化交流史上的一个时代。他生活的时代，欧洲仍然处于中国强大的文化影响之下。青年时代的歌德，就广有机会接触18世纪的“中国之物”，印象深刻。在他的自传著作《诗与真》中谈到，他在家中“曾因抵毁中国的壁纸”而惹父亲生气的事，还谈到“临摹那些中国的、富于幻想但又自然的花卉画”。据说他在斯特拉斯堡求学时，就读过中国《四书》的拉丁文译本，后又阅读了德意志来华传教士和商人写的有关中国的介绍。但这位“狂飙突进”时代著名的代表人物，开始时对于带有“洛可可”诗情画意和“辞藻堆砌”的中国之物，既感到陌生和隔膜，又感到饶有趣味和千奇百怪。这种态度在他载于1773年《诗歌年刊》的文章中反映出来。他在谈到德意志作家翁策尔的《中国诗集》时，认为它“只是中国小玩意儿的拼凑物，只配在茶几和马桶箱上做装点用的”。对“中国之物”态度的明显转变，是在1777年，他在这年完成的《伤感主义的胜利》一剧中，把“中国之物”当成是浪漫主义的表现。内中整个第二幕表演“中国风味的、以黄色为基色的五彩身段”。在第四幕的开场白中用这样的句子来描述中国的花园：

我想说的，就是赏心悦目的游苑。
依依不舍，无法离开。
那里有深谷和高丘……
宝塔、岩洞、草坪、山石和一线天……
搭起的渔舍和凉亭，

中国—哥特式的洞府、水榭和庭院。

此处最令人感兴趣的，是歌德把“中国式”和“哥特式”这两种迥然相异的风景予以联系和并列。1808年歌德说，他曾注意到一条古老的中国地毯，上绣许多人物，配以适当底色，这样的图画令他回忆起曾在马格德堡大教堂中见过同样的东西，那是早期德意志时代的画像。这里他再次把古代中国图画同早期德意志图画相提并论，进行比较。

歌德评论中国的艺术作品，认为是“出乎其类的美”。他对中国造型艺术并不熟悉，但对中国工艺品的巧夺天工评价很高。他在《颜色学》一书中又一次比较说：“我们在定居民族中，在埃及人、印度人和中国人那里，找到一种如此高度美感的颜色。这些定居民族用宗教来处理他们的技术……用一种自然缓慢的确定形式加工作品，从而使其作品居于前列，他们是更开化的、快步前进的民族。”歌德正是通过中德文化的比较研究，汲取有用的东西。

在歌德的一生中，曾有两个时期认真研究中国，研究中国的文学、艺术、历史和哲学，这就是1812—1815年和1827—1829年。他在1813年谈到研究中国的动机时说：“我从卡尔斯巴德归来后，对中华帝国从事最认真的研究”“我把我自己抛到最遥远之处，然后才有可能估计现实”“在欧洲的政治世界中将会发生巨大威胁性的事件”。它就是紧接着发生的反拿破仑的莱比锡各民族大会战。歌德是把研究古老的中国同当时德意志民族命运紧密联系

马格德堡大教堂

着的。他从儒家经典的译文中熟知“务实的哲学家”孔子，赞赏中国哲学同现实政治密切联系。他称孔子为“道德哲学家”，认为孔子关于通过修身以促进自身善美发展的见解同自己的见解非常相近；认为中国人举止适度、行事中庸，这方面比欧洲人优越。他曾向著名汉学家克拉帕洛特（J. H. Klaproth）学写汉字，并拿给魏玛宫廷中的公主们去看。就在当时，歌德已有“魏玛的孔子”“魏玛的中国人”之称，虽然他对儒家典籍的理解和解释并不是“亦步亦趋”，而是“为我所用”，大多不符合原义。

马戛尔尼画像

弗里德里希·席勒画像

中国文化对歌德的文学创作发生过直接影响。他读过许多有关中国的著作，其中有《马可·波罗游记》和马戛尔尼的《英国公使旅行记》。他和他的好友弗里德里希·席勒（Friedrich Schiller，1759—1805）是最早发现中国文学之美和价值的人，认定能在“中国本质”的“奇幻淡雅”中找到乐趣。两人都曾大卖力气，想把中国文学用德意志文学艺术的形式表现出来。1795年和1799年，席勒分别写下了《孔夫子的箴言》和《图兰朵——公主》（*Turandot*）

剧本。席勒原先想改作《好逑传》，却创作了一个爱打哑谜的中国公主的童话剧。图兰朵的谜面是："什么东西……能让生活安宁又均等？/它建起了最大的帝国，/它建起了最古老的城市，/但它从未煽起过战争，/只教信赖它的人民幸运。/外国人，假使你猜不出它，/就离开这个繁荣的国家！"你猜想得出这是什么吗？图兰朵的谜底原来是中国皇帝用来亲耕的犁，席勒是借此歌颂中国鼓励农耕的政策，并表达对中国的赞美之情。1818 年歌德为此喝彩说："愿在种种令人心情沉重的故事后，有这样一个轻松的童话结局：阿尔托姆，神话般的中国皇帝！图兰朵，爱打哑谜的公主！"歌德曾加工席勒介绍给他的中国故事素材，并联想到"奇幻的北京"，想到"和平统治的、令人愉快的、忧伤的皇帝"。研究歌德的专家比德尔曼（Biedermann）在其 1879 年发表的文章中坚信，歌德所作的未完成的悲剧《爱尔培诺尔》系脱胎于中国的元曲《赵氏孤儿》。这个见解引起德国文学史界的争论。但不可否认，两者之间无论主题或素材处理确实有许多类似之处，歌德在 1781 年和 1783 年的日记和书信中，也多次谈到他阅读了《赵氏孤儿》剧本以及从中受到的启发。1827 年歌德在同他的朋友埃克曼谈论中国小说的特点时说："金鱼在水塘潺潺有声，鸟儿在树枝唱个不停，白天日永亮，夜晚永天青；咏月者多矣，皆无改于其景，月光之清朗，亦无殊于白昼。"他又一次谈起《赵氏孤儿》，还清楚地记得 40 多年前读过的这部作品的情节，可见印象之深。

进入老年的歌德，开始接触到中国比较优秀的诗歌，颇为赏识。歌德遗诗中有由中国《百美新咏》中译出的九首诗，上端加有“最美的女子——1826 年 2 月 4 日——中国”的字样。在《文学杂志》上刊有歌德的文章《中国的——论百美新咏》，说明歌德在当时曾对中国文学做新的细心研究，他的 1827 年 2—8 月的许多日记也可作为证明。歌德最后一次受中国的素材《花笺记》的启发，于 1827 年作 14 章诗《中德季日即景》，诗中把他晚年得自中国的美好印象糅合进去：中国的事物显得轻盈、窈窕，生活如“一池清水”，恬静地置于原始法的舞台上；一切都“比较明朗，比较清晰，比较合乎道德——正是这些严格的节制，才使中华帝国几千年来得以保存，并将永存下去”。按著名的汉学家、传教士卫礼贤（Richard Wilhelm）的说法，歌德之所以在晚年热衷中国文化，是因为随着年龄推进，人类在他的心中渐成一个整体。他在一首诗中高呼：“东西两大洲，不能再分离，谁是多识的人们啊，理应明白此！两世界互相研究，即是我的希望；东西互相连联，也是我的希望。”[①] 中国儒家的“德”和道家的“道”，对晚年歌德的世界观是有影响的。他已从年轻时代对中国艺术“不平静的冲动”，进入对中国伦理的宁静和稳定的向往，崇敬自然。正如他的诗所写的：

群峰一片

沉寂，

① 引自卫礼贤：《歌德与中国文化》，载《歌德研究》，中华书局，1936 年版第 259~260 页。

树梢难感

一息；

与歌德同时代的洪堡兄弟，也曾对中国文化发生过浓厚的兴趣。哥哥威廉·冯·洪堡（Wilhelm von Humboldt，1767—1835）是大教育家和政治家，又是语言学家。他为了深入研究中国文学，他学习汉语并掌握汉语。弟弟亚历山大·冯·洪堡（Alexander von Humboldt，1769—1859），近代自然地理学的奠基者，近代气候学、植物地理学和地球物理学的创始人之一，当代世界知名学者，对于东方文化特别是中国文化评价很高，青年时代便到处搜集有关中国的西文书籍，凡有所得无不仔细阅读。他对于中国古代的地理著作如《禹贡》、法显的《佛国记》、玄奘的《大唐西域记》、司马迁的《史记》尤为赞赏，认为中国古代地理学的发展水平超越同时代的希腊、罗马；对于中国古代的指南针、活字印刷术的发展，叹服不已；对中国古代的天文成就，怀有浓厚的兴趣，曾将中国古代的一些天象记录和同时代的西方记录，进行对比研究。他在西伯利亚进行地理气候考察期间，特地跑到中俄实际控制线上，同驻扎中国边界一方的清兵将士谈话，并久久地遥望“神秘”中国的文化故里。他从清营还得到一部中文书籍，带回柏林馈赠其兄。

威廉·冯·洪堡（左二）、席勒、亚历山大·冯·洪堡和歌德在耶拿

第四章 文化碰撞：『图像』的变化

约从18世纪末叶起，随着西方商人和旅行家的报道日增，以往耶稣会士笔下对中国理想主义报道被挤到一边。商人们对中国文化或者对“中央王国”的精神生活少有兴趣，只对对华贸易和盈利兴致勃勃。在欧洲接着也在德意志兰，莱布尼茨式的对中国开放和宽厚的态度，越来越被“欧洲文化优越论”所代替，在欧洲的精神生活中重新燃起希腊—罗马古典艺术之火。19世纪30—40年代，工业革命、自然科学和技术的进步，借助优越的技术和军事力量的殖民扩张，追求强权的获益，代替了对于中国文化的兴趣。现在不是中国，而是欧洲处于一种“自大感”和“欧洲中心”的精神状态中。以往对中国的谐和之音转向反面，中国和中国人的图像变成为怪诞不经，滑稽可笑，穷困潦倒，毫无希望。由利玛窦和汤若望等打开的朝向中国的窗口，再度被关上。“洛可可”时代中国对欧洲的巨大影响很少被承认。19世纪的欧洲人对于中国文化的了解，远逊于17和18世纪他们的先辈。这时一些来华的德意志传教士乃至一些大思想家对于中国文化基本上也持自高自满和否定的态度。这就出现了“文化碰撞”现象。“碰撞”也

哲学家康德画像

哲学家谢林画像

哲学家黑格尔画像

哲学家费尔巴哈画像

是一种文化“交汇”，只是此中原因比较复杂，除上述的大背景因素外，双方还存在着“观念”上的冲突。中国人自古以来，只是把变化解释为一种交替、一种周期循环的“历史循环观”模式，中国古代的《易经》和五行学说，以及“天下大势，合久必分，分久必合”的政治文化观，都具有此类典型意义。这种循环变化观是同农业社会生产力水平相适应的，它不能从思想上突破樊笼，标新立异。而西方自15、16世纪以来，出现并形成一种“进步观念”，或叫作“进步发展观念”，这是与新的工业社会的生产力水平相适应的。正生当其时的欧洲上升时期的思想家，运用进步的事实，开展进步的启蒙，提出今胜于昔的信念。因此德意志兰新一代的思想家哲学家从康德、谢林、黑格尔，到费尔巴哈，对中国文化的批评、批判或否定，有其合理的、正确的一面，当然也会有非历史的、片面的一面。

被喻为“福音新教在华传道的三先驱”之一的德意志人卡尔·郭茨拉夫（Karl Gützlaff，1803—1851，中文名：郭实猎）在华活动整20年，正好是鸦片战争前10年和后10年，不仅直接接触中国人和参与鸦片战争事务，而且还由于在中国境内最早用中文出版近代期刊《东西洋考每月统记传》而在中德文化交流史上具有特殊地位。这份期刊从道光十三年（1833）六月在广州创刊，陆续出到道光十八年（1838）底左右，现存共约39期。在这个刊物上除了传教，也广泛传播世界各国的地理、历史、宗教、文学、制度、经济、生物、风俗、科学、技术、新闻和行情等各方面的知识和资料。它不但介绍当时西方的最新“技艺”如“蒸汽机”“火蒸车”“火轮船”等，还介绍欧罗巴诸国的地理位置和历史沿革，如法兰西国和阿里曼国（德意志兰），最先向中国人介绍华盛顿、法国大革命和“拿破戾翁”（拿破仑）等。这些材料和信息，就成为魏源等编纂《海国图志》的重要资料来源。因此，郭茨拉夫眼中和笔下的中国和中国人“图像”，就具有相当典型的意义。在他看来，这些“长辫、光脑、大褂、肥裤、小眼、黄脸”的中国人，虽非全是“骗子和无赖”，却确是一群固守中国传统、习俗、道德、语言的“可怜的灵魂”，亟须“启蒙”和皈依福音新教。德意志著名的诗人和神

卡尔·郭茨拉夫（郭实猎）

学家赫尔德尔开始一度也称“中华帝国是一具木乃伊”“这个民族几千年来始终停滞不前”，诬蔑“中国人是天生愚质、没有教养、没有创造、奴性十足的民族”。

在历史和精神史领域中，德意志人也把现代欧洲的形成完全植根于希腊—罗马古代文明，欧洲及其民族成为“唯一真正文明”的承担者。因此，只有欧洲进步与发展的思想和结构才值得研究，欧洲以外的世界（北美除外）是没有文明和进步能力的。德意志唯心主义哲学大师黑格尔对中国文化的评价，和其他多数19世纪杰出人物对中国的言论，都打上这一“时代的烙印”。黑格尔在他的名著《世界历史哲学》中评论中国时，完全剥去以往那种理想主义的外衣，使事物基本上符合真相，但却苛求地对待中国文化的发展，并得出很低的评价：“中国人缺乏完整的原则，表现在他们那里道德和法律是不相分离的。一部理性的宪法必须为自己划清道德和法律的界限，东方的特点却把两个原则直接结合起来，道德也就是统治者，它既存在于道德的状态中，也存在于国家的状态中，在这样的国度，法律部分显得不足，部分涉及习惯”。但是当黑格尔批评中国人道德原则同法律原则互相结合时，他不知道，中国人把欧洲的这两种原则的互相分离，同样看成是“不可理解”和“野蛮”的。

德意志人对19世纪中国历史的认识，其唯一来源可说是1777—1783年刊行的冯秉正的《中国通史》（De Mailla，*Histoire Cènèrale de la Chine*），它是这位法国耶稣会士根据《通鉴纲目》自由加工而成。给人的印象是，似乎中国自公元前10世纪起直至当时为止没有发生什么根本的变化。黑格尔和其他一些学者也以此为据，对中国以往的历史进行描述。黑格尔很满意于用中国的以往来“证实”一种在进步发展中占有“优势”的欧洲文化。他在《世界历史哲学》中继续写道：“中国的历史本身没有什么发展，因此我们不必再探究该历史的各个细节方面。”另外一些人则错误地评论说：“在我们面前，在最古老的国家，确实没有过去，而是一个我们古代就认识它的、今天依然一模一样存在的国家”；“就这方面来说，中国没有历史”；“中国和印度同样还处在世界历史之外”，等等。最具代表性的表述是德意志著名历史学家朗克所说的：“中国人是永远静止的族民。”另一处在谈到关于英国的世界强权地位时写道：“英国人用他们的商业统治整个世界，他们曾为欧洲打开东印度，打开中国，使所有的这些帝国同时屈服于欧洲的精神。”他们都小觑儒学，嘲讽孔子，德文中“孔夫子”（Konfuzius）和“糊涂虫”（Konfusius）两字常被谐音混用。当时德意志的历史学家也总是坚持偏见，认为只有欧洲的进步与发展才是真正意义上的历史。这种文化中的欧洲中心论，在 20 世纪初才遭到西方进步学者的驳斥。

只有德意志伟大的思想家马克思和恩格斯，是从社会结构和清皇朝统治的角度来看中国“这个世界上最古老国家的腐朽的半文明制度”的，他们从来不把清皇朝统治下的大清帝国同中国人民混同起来。马克思写道：“清王朝的声威一遇到不列颠的枪炮就扫地以尽，天朝帝国万世长存的迷信受到了致命的打击，野蛮的、闭关自守的、与文明世界隔绝的状态被打破。”“而当这种隔绝状态在英国的努力之下被暴力所打破的时候，接踵而来的必然是解体的过程，正如小心保存在密闭棺木里的木乃伊一接触新鲜空气便必然要解体一样。”他们谴责英国人发动的鸦片战争为“海盗式的掠夺战争”，而把中国人民（不是清皇朝）的反抗和起义看成是“保存中华民族的人民战争”，“虽然这个战争带有这个民族的一切傲慢和偏见、愚蠢的行动、饱学的愚昧和迂腐的蛮气”。他们在 19 世纪 50 年代曾寄希望于太平天国革命，结果发现，“除了改朝换代，没有给自己提出任何任务”“仅仅是用丑恶万状的破坏来同停滞腐朽对立，这种破坏没有一点建设工作的苗头”，因此，“古老中国的末日正在迅速到来”。[①]

那么 19 世纪上半叶中国人的欧洲—德意志兰的图像又是如何的呢?

中国自明末清初以来，奉行一种闭关锁国政策，使中国自我隔绝起来，对西方世界及其历史的兴趣消失。由利玛窦、汤若望等介绍的欧洲及其优秀文化大半遗忘。虽然在 17—18 世纪也不断有中国人漂洋过海，来到欧洲，大多是为了学习，很少有人写过关于经历西方的旅行报告，原因一是清廷的禁令，二是大多文化水平不高。至鸦片战争前夕，清廷对世界形势的认识一团漆黑，对欧洲各国的地理形势、相互关系混乱迷惘。凡意大利人必被认为是“耶稣会士”，佛朗机（葡萄牙）与法兰西人多次弄错；荷兰人和英格兰人无法分清，统称之为“红毛番”；至于德意志人

① 这些论断均载于中文版《马克思恩格斯论中国》一书，人民出版社，1955 年版。

则尚未所闻。1840 年道光皇帝在谈到英国时说："天朝臣服中外，夷夏来宾，蕞尔夷邦，何得与中国并论？"直待打了败仗，才急急要查明，"究竟该国地方周围几许？""与俄罗斯是否接壤？"鸦片战争打开了中国的大门，也打开了中国人的眼睛。林则徐可说是开眼看世界的第一人，他和魏源等力图冲破那种"严夷夏之大防"的精神世界，提出"师夷之长技以制夷"，那就是学习外国人的长处，来对付外国人的侵略。林则徐编了《四洲志》，魏源编了《海国图志》，虽然他们没有亲自出国去考察，书中材料靠间接收集而来，错误不少，但毕竟是基于科学和常识的著述。

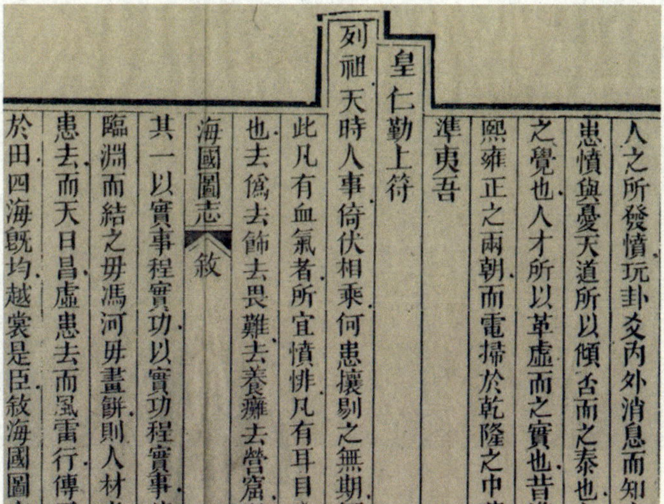
人之所發憤玩卦爻內外消息而知大
患憤與憂天道所以傾否而之泰也人心
之覺也人才所以革虛而之實也昔準
熙雍正之兩朝而電掃於乾隆之中葉
準夷吾
皇仁勤上符
列祖天時人事倚伏相乘何患攘剔之無期何
此凡有血氣者所宜憤悱凡有耳目心知
也去僞去飾去畏難去養癰去營窟則
海國圖志 敘
其一以實事程實功以實功程實事艾
臨淵而結之毋馮河毋畫餅則人材之
患去而天日昌虛患去而風雷行傳曰
於田四海既均越裳是臣敘海國圖志

《海国图志》内文书影，存于中国国家图书馆

林则徐像，存于香港历史博物馆

中国人亲自到欧洲并记录下自己直接观察结果的，当数《海录》。在这以前，中国人关于欧洲的记述，主要得自传闻，少有直接观察的第一手材料。1730年陈伦炯的《海国闻见录》主要记录意大利的状况，对"德意志兰"并未提及。《海录》是由一位盲人口述，经人整理于1820年刊行的。这位盲人口述者叫谢清高（1765—1821），广东嘉应州人，年轻时出海遇险，被外国商船救起后，留在船上工作。此后14年中，他遍游南洋、印度和欧洲，回国后不幸失明，在澳门口译为生。同乡人听他所谈海外各国的事情，多为以往史籍所未载，很有价值，乃录下刊行于世。欧洲部分多记葡萄牙和英国事，记德意志兰则语焉不详，特别是对于当时德意志兰分裂为众多小邦一事弄不清楚。《海录》把奥地利称为"双鹰国"，把不包括东部普鲁士地区的德意志兰称为"单鹰国"，"双鹰国与单鹰国为兄弟，患难相周恤，亦奉天主教，风俗大略亦与西洋同，番舶来广东，有白旗上画一鸟双头者，即此国也""单鹰国又名带辇。[①]在双鹰西北，疆域风俗略同。番舶来广东，用白旗画一鹰者是"。谈普鲁士时说："埔鲁写国，又名马西葛比。在单鹰之北，疆域稍大，风俗与回回同。自亚里披华至此，天气益寒，男女俱穿皮衣，仿佛同中国所披雪衣，夜则以当被。"实际上这儿所录的埔鲁写国系指波罗的海周围的东、西普鲁士诸地，马西葛比当为玛丽亚堡，而亚里披华究指何地，一直争论不休。谢清高文化水平不高，在西洋时又无精确记录，单凭回忆，再经人录下，内容既少，错误

① 据冯承钧先生考，"带辇"实为"丹麦"。笔者以为"带辇"就是deutsch的音译，即"德意志"。

常见，但对中国官方来说，《海录》却是直到19世纪40年代为止的主要信息来源，在中德文化交流史上具有重要意义。20年后，1844年，魏源编纂的《海国图志》，对德意志兰的介绍已经远为详尽。四十四、四十五卷专谈“耶马尼”即不包括奥地利在内的德意志兰，四十六卷谈到奥地利。《海国图志》的优点，是把直至当时为止所能搜集到的有关德意志兰的中文记载都附录其后，供读者参考比较。四十四卷的“耶马尼总记”和“耶马尼分国”介绍，实际上把德意志的历史、地理和现状都做了说明。它把德意志兰的政治分裂情况同周朝的诸侯割据相比较，把莱茵河比之于中国的黄河，为德意志文明的摇篮，“国中居民，因分服列君，风俗殊异。北方居民精神强健最好学；南方东方之民，好繁饮食；西南之民，劳苦度生，其民往来不睦，常有争事”。

再20年，即19世纪60年代，斌椿的《乘槎笔记》问世，是为中国知识分子最早亲历欧洲的记述。斌椿（1804—？）是一位年老的读书人，出身汉军旗，能文能诗，关心时事，与地理学家徐继畬、数学家李善兰等有诸多交往。1864年受总税务司英人赫德

清代数学家李善兰

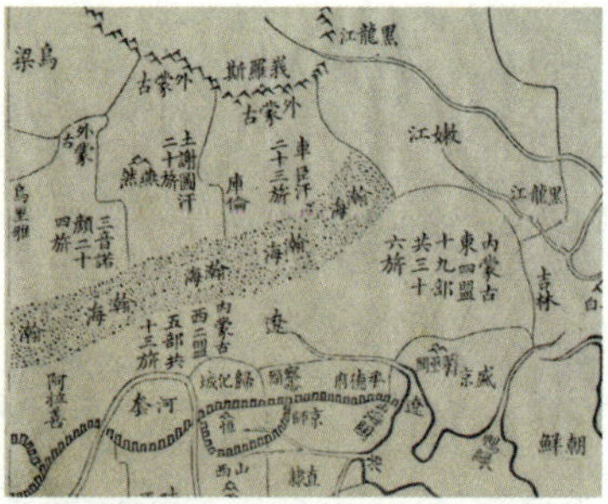

《瀛环志略》内文书影，现存于中国国家图书馆

（Robert Hart，1835—1911）之请，"办理文案"，开始接触洋务洋人。1866 年 63 岁的斌椿受命偕同文馆学生专门游历欧洲，成为第一批由清政府派遣赴欧游历，亲身去接触和了解欧洲文化的代表。他随身携带了《瀛环志略》《海国番夷录》等书，沿途考其正误。到欧洲后，又第一次见到火车、电报、纺织机、抽水机、高层建筑等"工业文明"，给这位从东方古老封建国家来的客人留下深刻印象，他"身之所至，目之所见，排日记之"。抵德时恰逢普奥战争，他来到普鲁士，对该邦及首府柏林记述相当详细，可说观察入微："布国（普鲁士）东西二千里，南北一千一百里。其地古为北狄所据。南宋时，属日耳曼；康熙三十九年，乃自立国。嘉庆十一年，法人割其境土之半，遂削弱。后六年，布人不悦法政，思故主，合攻法师，遂复故土。地分东西两土，共八部。产钢、铁、丝、布，铁器最精，工细若金银造。瓷器尤良，坚致不亚华产。西部主钢铁，造炮甲于泰西。"相当详尽地记述了普鲁士的历史和出产，"十四日，妃闻使君来，请见。妃云：寡君在军中，闻中国天使到此，愿两国永好

描绘普奥战争的油画，格奥尔格·布莱布特罗伊于 1869 年所作

无间。”这是中德官方最早接触中的美好祝愿。为此斌椿诗兴大发，以“住伯尔灵（即柏林）见布国妃”为题赋诗一首：

侍女搴裳启阙门，宫廷肃穆淑仪尊，两行灯烛珠帘卷，气度谦光语意温。

寡君军旅正殷繁，欲赋缁衣未返辕，难得中华星使到，好将风景采车酋轩。

此诗载斌椿《海国胜游草》，虽然诗品不算高，却是中国人赋德国的第一诗。斌椿也因此自负地称自己是“中土西来第一人”。

从《海录》到《海国图志》，到《乘槎笔记》，前后40余载，正是鸦片战争的前20年和后20年，中国人对于欧洲的"图像"发生了深刻的变化。《海录》以前，中国人关于欧洲的记述几乎全部得自传闻。《乘槎笔记》之后，冲破了两千年来一直未能克服的局限和偏见，对一直被认为是神秘荒诞的西方世界，开始有了直接接触。虽然接触中还是以"外观"为主，但开始面对世界现实和了解西方的"工业文明"。这是一大变化。另一大变化是，鸦片战争前，清廷把欧洲人看作"番""夷"，把欧洲各国视为"藩属"，一应外事活动，均由"理藩院"管理。但这仅仅是出于一种"无知"和"盲目自大"，在中国人心目中，对欧洲人虽有陌生感，并无仇视之意。两次鸦片战争的炮声，使中国人民从"闭关锁国"的状态中惊起，欧洲人成了真正的"鬼子"，抗敌仇外的民族情绪产生，这是帝国主义对中国的侵略造成的。德意志兰当时本身政治上是分裂的，内争不休，外受欧洲其他大国掣肘，并未参与侵略中国，中国人也把他们视作"鬼子"，不免冤枉。但19世纪60年代后，当普鲁士正式遣使来华，并加入欧洲列强在中国的扩张行动后，这种"冤枉"也就不冤了。

第五章

文化兼容：『向东方压进』与『向西方学习』

19世纪60—70年代后，“西学东渐”与“东学西传”进入第二个高潮，西方现代科学技术输入中国，中国传统文化大量西传。与此相应，中国与德国的文化交流也进入一个新的阶段：直接接触，官方往来，逐渐形成各自的文化政策。

德国自古有“向东方压进” 的口号，本来含义是指向东部斯拉夫人土地，此时则包括指向中国。1861年普鲁士代表关税同盟诸邦遣使节团来华签订条约，德国对华的文化政策也就处在“向东方压进”这一西方殖民扩张的利益政策之下。学者、汉学家、教士、教师的文化活动，也就不能不打上这样的烙印。随普鲁士使节团来华的人员中，除一名专家外，还有三名自然科学家，其中包括著名的地质、地貌学家李希霍芬男爵（Ferdinand Richthofen，1833—1905），他是受海军部的特殊委托来华调查中国的地形和资源的。1868—1872年，李希霍芬得美国银行资助再度来华，在中国内地先后做了7次考察旅行，足迹遍及中国18省中的13省，包括山东、直隶、四川及华中、华南、华西和东北南部，调查、搜集地质、矿藏、黄土、海岸性质与构造线分布等资料，特别注意资源地区的分布，注目于山东煤矿和胶州湾港口。为了酬谢上海西商会的"帮助"，他给西商会负责人写了10封信，提供中国的通商路线，要他们注意山东煤矿的重要性并提出胶州湾是一个值得夺取的军港（这些信件1903年以《李希霍芬男爵书简1870—1872》为书名在上海出版）。归国后他发表《中国，亲身旅行和据此所做的调查结果》一书（China，*Ergebnisse eigener Reise und darauf gegründeter Studien*，36卷，外一册《中国地图集》，从1877年开始出版，到1912年才出齐）。此外他还著有《山东及其门户——胶州》（1898）等。李希霍芬对亚洲地区的地质、地貌特征进行了科学分析，并提出中国黄土风成的假说；在地理学方法论问题上，强调区域性原则对地理学的重要意义，认为地理学主要研究不同区域各种现象的相互联系。因此我们说，李希霍芬对于自然科学的重大贡献是无可争议的，在中德文化交流史上的作用也是显而易见的。但是这位波恩、莱比锡、柏林大学的教授，后来还担任柏林大学校长和国际地理学会会长，是一个自觉的、有目的的代表外国资本特别是代表德国

李希霍芬男爵

在华资本利益的人。

在普鲁士使节团抵达中国的同一年，清廷设立“总理各国事务衙门”，专门负责同外国打交道的工作，同时负责推行学习西方的“技艺奇器”。总理衙门的建立，标志着洋务运动的开始。一年后即1862年，总理衙门创办中国第一所外语学校“同文馆”，以造就翻译人员。原先各通商口岸出现的买办、西崽，流品甚杂修养不高，不仅不通西洋文化，也不通中国文化。同文馆创办时，只招到满族少年10名，先开英文馆，继开法文、俄文馆。经三年学习后，优秀者派到欧美各国游历，以“增广见闻，有裨学业”。1868年8月，清政府向西方国家派出第一个外交使团，历访美、英、法、普、奥、俄及其他一些欧洲国家。使团的列车上第一次扬起中国国旗：黄底，四周镶蓝边，三米多长的旗幅上，有一条巨龙在飞舞。这个团的使命，名义上是“回访”和“换文”，实际上是去西方学习、了解世务的，特派钦差志刚1870年回国后所写的《初使泰西记》

李鸿章

可以证明。从这时候起出现了中国洋务自强运动中第一代"向西方学习"的人。洋务自强运动可视为中国被迫转向现代化的启动阶段，但它的"学习西方"，尚不具有资产阶级改良主义性质，其主要着眼点乃是学习西方技艺，以求"御侮自强"之术，维持原制度不受损害，"中学为体，西学为用"的口号，正是这一含义。但是一当人们到达西土，在先进的制度和科学技术面前，情况就不能不起变化。不说青年人，即使像志刚这样平庸的满族官员，在不平常的际会中，也会有不平常的体会和认识。"中学为体"这一点就很难保住了。

张德彝青年时期

在1870年，中国就派有留学生去德国，学习"船坚炮利"的军工技术。1877年李鸿章也曾派7名士官去德国学习军事。赴德学习理工西学似是成为一种传统。19世纪80年代起派往德国的中国公使和其他官方代表团，主要任务之一就是购买洋枪、洋炮、船舰及机器。19世纪下半叶，中国最了解西方、最了解德国的人物可能是张德彝（1847—1919），他在中德文化交流史上占有重要地位。张德彝即德明，籍隶汉军镶黄旗，同文馆第一届学生，1866 年 19 岁时随斌椿游历欧洲。1868—1869 年又随志刚使团出使西海，先经日本到美国，过大西洋到欧洲，出地中海过印度洋入南海，正好自西往东环游世界一周。他作为译员和随员曾先后八次出国，每次都留下一部以《述奇》为名的日记体裁的闻见录，共 70 余卷，200 余万字，算得上一个大游记作家。这八部《述奇》中，《航海述奇》4 卷，记同治五年（1866）游历欧洲；《三述奇》8 卷，记同治九至十一年（1870—1872）随崇厚使法，故又名《随使法国记》；《六述奇》12 卷，记光绪二十二至二十六年（1896—1900）随罗丰禄使英，故又名《使英日记》；《八述奇》20 卷，记光绪二十八至三十二年（1902—1906）出使英、意、比国。上述几部《述奇》中，均对德国有所记述，而《五述奇》12 卷，则是记光绪十三至十六年（1887—1890）随洪钧使德，专门记述德国情况的，故又名《随使德国记》。张德彝是一位具有“维新”思想的人，长期广泛接触西方的社会和文化，他在国外既保持中国人的气节，又虚心学习西方先进事物，因此记述比较客观，比《乘槎笔记》要生动、具体、深入得多。《五述奇》全面介绍德国的最新情况和最新知识，录下对德国现代工艺技术的“第一印象”——科学技术领域中的新发明，在文化史上颇有价值，而对中德人民友谊的记述也不在少数。虽然他的“西学”不像严复那样精通，但也属于佼佼者了。

德国侵占胶州湾和参加镇压义和团，是“向东方压进”的军事表现，严重损害了两国之间文化交流的基础。但是中国人民不屈服于"炮舰政策"的英勇反抗，迫使西方列强辅以一种怀柔性的对华政策，这就是争取中国赞同欧洲文化，通过文化影响来赢得未来的中国领导层。一种新的文化政策开始了：教会学校的活动受到不加宣扬的支持；加紧派遣教师到中国；鼓励中国学生在本国教会大学受教育。1908 年美国首先提出把庚子赔款中的大部分留在中国办教育。1907 年德国驻北京公使雷克斯伯爵（Graf Rex）在致外交部的报告中，强调在中国需要一种德国的文化政策。德意志帝国海军部（中国的德国"保护区"青岛的最高行政官厅）才开始行动起来。它委托汉学家福兰阁（Otto Franke，1863—1949）同清政府商谈，在青岛建立德国学校事宜。福兰阁 1888 年来华，为使馆实习翻译；1890 年后任翻译和领事，对于中国文化了解甚多，对中国比较友好；1901—1907 年转任中国驻柏林使馆参赞；此后任汉堡大学、柏林大学中文教授；著有《中华帝国史》（*Geschichte des Chinesischen Reiches*）、《直隶热河地区记》《中国土地所有制的法权关系》

福兰阁

《1894—1914 年列强在东亚》《关于中国文化与历史的演讲和论文集（1902—1940）》等多种，影响甚大。在同中国商谈中，福兰阁“保证”德国学校招收“中国孩子”；不仅使孩子们了解德国，而且重视中国自己的文化；学校中取消宗教宣传；中国人参与学校的行政管理。福兰阁这一所谓“尊重中国主权和保护中国民族特性”的文化方针，虽遭到在华德人包括公使雷克斯和青岛总督的反对，但第一座德华高等学校（中国名为“青岛特别高等专门学堂”）于 1909 年在青岛成立，并由中国人任学堂总稽查（校长之一）。1913 年设有四个系：法学社会学系、自然科学系、农林经济系和医学系。直到第一次世界大战前夕，德国传教士在华主办的学校、医院和慈善机构，比英法美少得多，而且活动范围基本上限于山东。1913 年上海的德国商人在一份备忘录中，要求政府推行积极的学校政策，并为去德国学习的中国大学生提供奖学金。这个时期，德国来华的传教士活动较前增加，天主教教士超过福音新教牧师，山东超过其他各地。但这时的传教士，大多同德国在华的殖民利益纠缠在一起，布道和吸收教徒以及创办学校医院等，都会引起中国人的愤怒和反抗。但也有一部分传教士，在中德文化交流中起过积极作用，卫礼贤（Richard Wilhelm，1873—1930）就是代表。卫礼贤是德国福音新教同善会传教士，汉学家，1897 年青岛被德国占领时来华传教，对中国高度发达的古代文化深表钦佩，最终被中国文化所征服。他取字“希圣”，创办礼贤书院，主要研究中国的儒家学说和经典。辛亥革命后在青岛组织尊孔文社，主张“复古”。他在华多年，以从未发

卫礼贤

展一名教徒而自豪。卫礼贤回国后讲授中国古典哲学，撰有多种著作，如《中国文明简史》（*Eine kurze Geschichte für Chinesisck Zivilisation*）、《实用中国常识》《中国魂》（*Die Seele Chinas*）、《中国的经济心理》《东亚，中国文化圈的形成和变化》（*Ostasien*，*Werden und Wandel des Chinesischen Kulturkreises*），1920 年后翻译《易经》《庄子》《列子》《吕氏春秋》等，致力于中德友好。

在德国本土，为了加强中德文化联系，建立了"德国东亚自然和人类学协会""东亚艺术协会""汉堡—不来梅东亚协会"等，在德国开始出现研究中国的热情。学者们对"中国学"或"汉学"的研究逐渐精密，形成科学的"中国学"和"汉学"。自甲柏连（Ceorg von der Gablentz）1881 年出版名著《汉学典》（*Chinesische Grammatik*）以来，德国的汉学研究如旭日初升，所取得的成就令人刮目。卫礼贤之于经学、福兰阁之于史学、佛尔克（Alfred Forke）之于哲学、柴赫（Envin von Zach）之于训诂与文学，俨然成为德国的“四库全书”。20世纪初，一些中国古典名著相继被译成德文出版，它们是：汉学家卢德尔斯贝格尔（Hans Rudelsberger）译的《封神演义》（1914年译了一半）、布伯尔（Martin Buber）节译的《聊斋志异》、汉学家老甲柏连（Hans Canon von der Gablentz）19世纪从满文缩译的《金瓶梅》和库恩（Franz Kuhn）缩译的《红楼梦》。戏曲方面比较重要的德译本是克拉朋（Alfred Henschke Klabund）的《灰阑记》和洪涛生（Vincenz Hundhausen）的《西厢记》。抒情诗方面常译的有《诗经》，陶渊明、李白、白居易的诗。第一次世界大战前夕，《易经》的德译本已有8种以上。

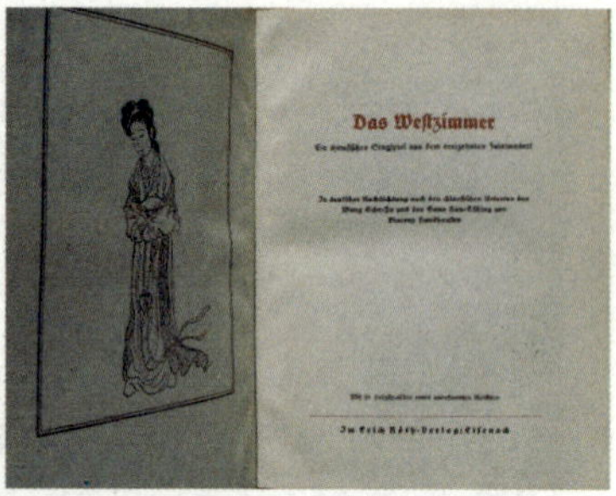

德语1926年版《西厢记》

在中国方面，19世纪下半叶和20世纪初，出现一种不明确的多元的文化政策，其主要内容是“向西方学习”。洋务派一心想仿德国的富国强兵之术，以巩固摇摇欲坠的政权。1896年李鸿章出使俄、德，特地跑到弗里德里希斯卢庄园去拜访早就下台的德国“铁血宰相”俾斯麦，殷殷相询：“然则为政府言，请问何以图治？”俾斯麦答：“以练兵为立国之基，舍此别无长策。”李鸿章于是说：“必

俾斯麦

将仿照贵国军制，以练新兵。"这些话见《李鸿章历聘欧美记》书中所载，却无一语谈及中德文化，只有李鸿章带去的厨师班子和中国菜肴，给西方留下深刻印象。李鸿章离去时，留影题词，词曰："仰慕毕王（即俾斯麦）声名三十余年，今游欧洲，谒晤于非得里路（即弗里德里希斯卢）府第，慰幸莫名。光绪二十二年五月望日。"算是留下的文字手迹。[①]洋务派和清廷历任驻德国公使，包括状元出身的洪钧，在中德文化交流中未起特殊作用。一些进步的知识分子，支持立宪维新运动，对德国的宪政、立法相当崇敬。1904年中国废除科举制度，自此才对西方现代的自然科学、人文科学和政治、社会思想真正开放大门。1905年的所谓五大臣出洋，就是去考察（学习）欧美的宪政的。五大臣之一的戴鸿慈，在其《出使九国日记》中，对德国的立宪政体倍加肯定。他在参观柏林大学图书馆（藏书120万部）和军事博物馆时印象很深。此后有一些更为激进的知识分子留学德国，寻求救国之道。

第一次世界大战爆发后，中德之间的文化交流活动近乎中断。

① 尚有两封李鸿章致俾斯麦的亲笔信，现均存弗里德里希斯卢俾斯麦档案馆。

第六章 文化传奇：『赛瓦公案』与《孽海花》

1900年，发生了震惊世界的“庚子事变”：英、俄、法、日、美、德、意、奥匈八国，调集在华和远东部分兵力约2万人，在英国西摩尔将军统率下，从天津向北京进攻，6月17日攻陷大沽炮台。6月20日，义和团和部分清兵进攻北京东交民巷外国使馆，董福祥属下的回军头目安海，击毙前往总理衙门交涉的德国公使克林德男爵（Klemens von Ketteler）。第二天，清政府向各使馆下达宣战书。此后，中国和列强的冲突实际上凸显为中德冲突，德国皇帝因此争得八国联军新统帅的任命权。68岁的德国前总参谋长、陆军元帅瓦德西伯爵（Alfred Von Waldersee 1832—1904）受命为新统帅，率混合兵团远征军赶赴中国。

8月14日，西摩尔将军所辖在华的八国联军进占北京，慈禧太后挟光绪帝西逃。

北京遭到了空前的浩劫。八国联军化成为散兵游勇，任意杀人、纵火、奸淫、掳掠、无法无天、无所不为。这种伤天害理、灭绝人性的“屠城式”行动整整持续了两个月，待瓦德西10月17日到达北京城时，也不能不承认，“北京真正成了一片火海、一片血海”

描绘义和团运动的画作，载于《社会历史博物馆》，河南教育出版社，1995 年 12 月版

慈禧太后画像，存于故宫博物院

（《瓦德西日记》原件）。

就在这腥风血雨的时刻，北京出现了一位会讲德语的传奇美女，德国人称她为"洪夫人"。因为她是13年前出使俄、德、奥、荷四国钦差大臣洪钧的夫人，年轻、美貌、活泼，在柏林官场很有点名气；中国人则叫她"赛金花"，这是她在津京当妓女的艺名，在京津一带名闻遐迩，而她的原乳名赵彩云反而罕有人知。据说就是她挺身而出，利用同瓦德西的亲密关系，要瓦德西对洋兵严令军纪，停止奸淫抢掠，不得滥杀无辜，自己则在京城到处拯救洋兵屠刀下的北京官民。[①]

樊增祥画像

一时之间，传说纷纭。自庚子年始，北京居然形成一种赛金花与瓦德西的传奇文化。赛金花太过奇突的际遇和太戏剧性的经历，引发和刺激了广大的文人墨客和市民层的浓厚兴趣。1900年樊增祥的前《彩云曲》和1904年的后《彩云曲》，就是以赛金花的生平事迹为题材的叙事诗。前《彩云曲》一问世，即为人所传诵，仿佛当年吴梅村的《圆圆曲》，人人

① 有记载称，是赛金花救下了被杀剩的三分之一的北京人，此话虽显夸大，但也道出为什么"京里人"会同赛金花"感情很好"的缘故了。

争唱，而后《彩云曲》则主叙赛金花与瓦德西的暧昧关系，曲序中称“彩侍德帅瓦尔德西，居仪鸾殿。尔时联军驻京惟德军最酷。留守王大臣皆瞠目结舌，赖彩言于所欢，少止淫掠。仪鸾殿灾，瓦抱之穿窗而出。当其秽乱宫禁，招摇市廛，昼人楼歌，夜侍夷寝……此一泓祸水害及中外文武大臣”云。应当指出，《彩云曲》是仅凭传闻和臆造而写，与事实出入颇大，樊增祥因此诗的流传名噪一时，而赛金花却不得不感到因此诗而蒙受众多不白之冤。

清顾贝龙绘吴梅村画像

对赛金花“杀伤力”更大的，则是1905年出版的曾朴（字孟朴）的文学名著《孽海花》。《孽海花》同样是仅凭传闻和臆造创作出来的，但因其为文学，可有故事性的想象和杜撰。特别是曾朴与洪钧有通家之谊，自小就和赛金花稔熟，加上曾朴功力雄浑，妙笔生花，因此凡他所说，人皆信之，不啻把赛金花永远固定在历史的耻辱柱上。果然此书一出，立时轰动南北，因而一版再版，影响至为深远。曾朴以“东亚病夫”笔名在上海小说林社出版的小说《孽海花》首册十回，其中前二回，系友人金松岑（笔名“爱自由者"）所撰，1903 年发表于《江苏》杂志，1904 年又将已写好的三至六回原稿交曾朴续写。按金氏的原意，是想写一部揭露沙俄侵略野心的小说，并以出使俄、德、奥、荷的洪钧（文卿）为主角。曾朴接手后，改变了金氏的初衷，主张"以赛金花为经，以清末三十年朝野逸事为纬"，编成一部香艳而富"史趣"的长篇小说。曾朴修改了前六回，续写了后四回。1906 年又续出第二册，即第十一至二十回。1907 年，新创刊的《小说林》月刊上又连续发表第二十一至二十五回。一直至 1927 年，曾朴在上海创办的《真善美》杂志上，刊出新撰的第二十六至三十五回。至此故事也没有完。《孽海花》以赵彩云（赛金花）和金雯青（洪钧）、赵彩云和瓦德西（德国军官）的爱情故事为线索，广泛地描写了当时的政治和文化：清廷的腐化，官僚的昏庸，甲午战争的失策，戊戌政变的悲喜剧，革命的发展，乃至清廷覆灭的必然。但曾朴的"至高目标"是用艺术的手腕来描画赛金花，因此他着力描写赛金花，着力虚构赛金花，着力艺术中伤赛金花，让人清晰地看到，这个妓女出身、做姨太太、做状元夫人、随侍洪钧出使做公使夫人、与诸多洋人特别是瓦德西伯爵"偷情"、到庚子时期又变成政治妓女的赛金花的面目——聪明、美丽、年轻、轻佻，特别是她的淫荡和直率。当有人问曾朴："赛与瓦帅在柏林私通，兄何知之？"曾朴答："彼二人实不相识，余因苦于不知其此番在北京相遇之由，又不能虚构，因其在柏林确有碧眼情人，我故借来张冠李戴，虚构事迹，则事有线索、文有来龙，且可铺张数回也。"由此可见，曾朴虚构故事的本领确实不小，他拿瓦德西"张冠李戴"是出于对庚子事变的痛心疾首，以及反对那种“妓女救国”的论调。

同瓦德西的关系，赛金花并不讳言，她在自述中是这样说的：“我同瓦的交情固然很好，但彼此之间的关系，却是清清白白，就是平时在一起谈话，也非常的守规矩，从无一语涉及邪淫。这都是有人见我常常同瓦骑着马并辔在街上走，又常常宿在他的营里，因此便推想出我们有种种不好的勾当来。”[①] 虽说赛金花在自述中有不少漏洞，像她会见瓦德西的具体时日；也有杜撰的，像她劝说克林德夫人一节；但我们不能仅因赛金花是所谓“积年老妓”，就随意推断赛金花和瓦德西一定有“床笫之间”的故事。有一次当《申报》某记者问赛金花：“《孽海花》中所说的风流事，是事实否？”赛答：“全是谣言骂我的。”问：“曾朴为何要骂你？”答：“我幼时与曾朴相识，极亲热，他十分爱我。后来我许与文卿（洪钧），曾朴情场失意，遂作小说，愤而骂我与文卿。”这是30年后赛金花的反应。这种反应看来亦具推想和猜测的成分，当不得真。

这场牵涉到中德两方的文化官司（所谓“赛瓦公案”），从庚子年一直打到今天，说来说去还是纠结在两个根本问题上：第一，赛金花在德国时是否就结识了瓦德西？第二，瓦德西在北京时是否同赛金花有过什么事？德国人几乎全部予以否认（最近最权威的研究结论是，瓦德西同赛金花没有过什么事，他们根本不认识）；中国人对第一个问题是无从判断，对第二个问题则予以肯定，但对他们亲密关系程度上存在分歧。大部分中国人都不仇恨赛金花，

① 刘半农等：《赛金花本事》，中国人民大学出版社，2006年版。

因为她毕竟是一位社会的受压迫者。北京社会长期以来都对赛金花报之以善意。

赛金花一生真实的经历和遭遇就已非常奇特，再加上曾朴《孽海花》中戏剧化的渲染，一时之间，以赛金花为主题的小说、戏剧、诗文、曲艺等大量涌现。北京大小胡同的戏园子里，都有排演《状元夫人》《公使夫人》《赛金花与瓦德西》一类的戏，在民国初年和第一次世界大战结束后的年代，都曾热闹过一阵。这事终于惊动了战后德国魏玛政府的驻北京使馆。德国大使让使馆唯一精通汉语的参赞汉斯・毕德尔博士（Dr. Hans Bidder）去了解一下，在北京的某小戏园里把瓦德西元帅搬上舞台，具有什么倾向。毕德尔去了，看了和听了这出戏，第二天报告大使："我们德国人长期以来从未被评价得如此之好！一位中国妇女亲近地向元帅转达了被打败的中国人民的担忧和贫困，而元帅就予以援手，干预那些他有可能干预的事。"此事引起作为德国哲学家和历史学家毕德尔的好奇，他开始广泛而深入地调查和研究赛金花和瓦德西的关系，并发现一整系列由传说、童话、故事、戏曲乃至小说组成的文艺作品，都是一个调门儿，一种倾向，就像他第一次看的戏。他继续干下去，并发现赛金花竟然就居住在北京，他几次亲自往访，并成为贫困潦倒的赛金花的热心资助者之一。这位严谨的学者终于得出了结论。这个结论直到20年后的1954年，才向他的忘年交，瓦德西的重侄孙于尔根・瓦德西伯爵（Jürgen Graf von Waldersee）透露。毕德尔在致于尔根・瓦德西的信中明确写出："起初我对该事件的真相和诸多传说的真实性抱有巨大的怀疑，但是后来从许多许多方面通过数百见证人和原始文献向我证实，赛金花同您的高叔祖会面了。”毕德尔是笔者所知道的承认赛瓦相会并有亲近关系（不涉及淫乱）的第一位德国人。当于尔根·瓦德西这位现任的瓦德西家族族长把毕德尔的这封信（复印件）赠给笔者时，说了一句意味深长的话：“这是一个美丽的真实故事。”

瓦德西伯爵

第七章
文化交汇的结晶：同济大学和中德学会

1919 年 9 月 15 日，中国宣布结束对德战争状态。1921 年 5 月 20 日，中德两国签订《中德协定》，这是中国第一次与列强之间在平等和互不歧视的基础上签订的条约。这一年，魏玛政府把瓦德西从中国掠去的北京天文台的仪器归还中国。德国在华的发展重点转向经济和文化领域。

1919 年五四运动以后，德国文化，尤其是马克思主义经典作家的著作，经过其他语种翻译介绍到中国。1920 年，陈望道第一个从日文翻译出版整本《共产党宣言》。一些著名的德国哲学著作，如康德、黑格尔的作品被译成中文。中国学者王国维早在 1910 年以前就研究过叔本华、康德和尼采的著作。以后其他学者研究过黑格尔哲学、沃伊肯（Rodolf Eucken）新唯心主义“能动主义”哲学和德里施（Hans

五四时期的陈望道

Driesch）的新活力论，后者曾于 1922 年来上海讲学。当代最伟大的物理学家爱因斯坦（Albert Einstein，1879—1955）也曾于 1922 年赴日讲学和由日本返国途中在上海停留，受到中国学术界的热烈欢迎，《东方杂志》1922 年第 19 卷第 24 号就专辟为《爱因斯坦号》，以资纪念。[①]

王国维

爱因斯坦

20 世纪 20 年代中叶，德国文学名著，如《格林童话》，歌德、席勒、海涅等人的作品被介绍到中国。郭沫若所译《浮士德》《少年维特之烦恼》以及有多种译本的《茵梦湖》，在我国反封建、反旧礼教的斗争中都起过积极作用。鲁迅在 1936 年专门

① 以蔡元培为代表的中国学术界，一直要求并张罗邀请这位以提出相对论而闻名于世的德国物理学家来华讲学，但当时中国当局却一再以“没有经费”为由未予邀请。

格林兄弟画像

海涅画像

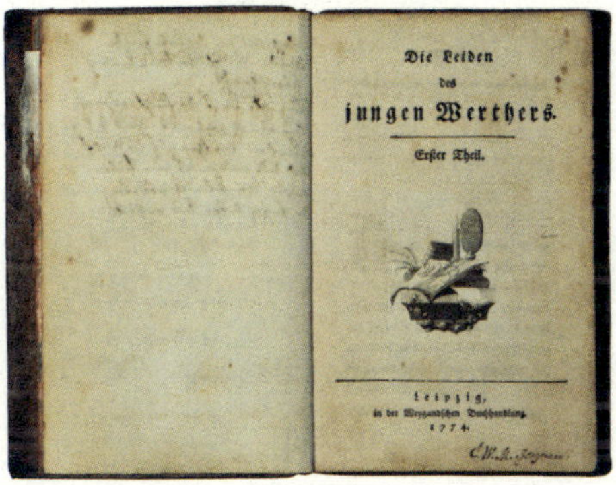

德文《少年维特之烦恼》首版

为德国版画家凯特·珂勒惠支（Käthe Kollwitz，1867—1945）的作品做过详细介绍。

在这些年代，中德之间的文化关系在两个领域中变得重要和突出：一个是在华的德国人加强对中国文化的社会性了解和研究；另一个是中国学生赴德留学。文化交流在国家这一级别上展开。战后在华的德国人，据 1932 年估计，有一半生活在上海，约 1500 人，另一半生活在天津、青岛、汉口、北京、哈尔滨、广州、济南和沈阳诸地，大多建有德国侨民区，内设有现代化的德国学校和教堂。1923 年当时的西门子中国公司经理勃吕歇尔博士（Dr. Brücher）成立了“德国工程师中国协会”，以促进现代科学技术的交流。它得到私人、国家、公共机构的资助，并对中国的经济立法产生相当大的影响。在东北，首先在抚顺和鞍山煤矿，形成德国工程师和专业工人侨民区，另有 30 名医生结社，参加上海的“德国医生联合会”。1930 年 12 月上海成立“东亚博物学和民俗学协会（OAG）”，还有莱茵河畔法兰克福“中国学院”（China-Institut）。法兰克福“中国学院”是由汉学家卫礼贤在1925年成立的，为的是大力促进中德文化交流。上海德国侨民区的“德国救济会”，负有帮助同胞的义务。

“一战”后在中国出版的第一份德文报纸是1925年上海出版的《桥报》（*Die Brücke*），一直存在到1933年；1932—1935年上海还出版德文报《中国职守》（*China Dienst*）。1929年在哈尔滨创立的《德国—满洲消息报》，后因日本人占领东北而迁到天津，改名《德国—中国消息报》，相当有名。这些报纸多属私人性质。与此相反，1936年在上海出版的《德国上海报》站在德国官方立场，宣传纳粹政府的方针政策。1919年创刊的《东亚评论》（*Ostasiatische Rundschau*）定期报道德中贸易和其他关系的发展，“二战”前由“汉堡—不来梅东亚联合会”、柏林“远东协会”和法兰克福的“中国学院”出版，战后则改称为《海外评论》（*Übersee-Rundschau*）。

德国在华的学校在第一次世界大战后再度开办，以上海、北京、天津为最多。1929—1930年天津的学校学生有82名，而在济南仅13名。战争时期被中国没收的上海德国学堂的房屋，1922年发还，1924年开始上课，1929年新建校舍投付使用。1932年起获中国市政当局的补助，中国承认其高中毕业考试的成绩，1935年在校学生数达265名。

在德国学校中，对中国教育具有影响的，首数上海同济大学。同济大学前身为同济德文医学校，1907年由德国人所建，获德国工业、商业和银行界的支持，创办时设德文、医学两科，有德国教员3人、学生33人；1912年同济德文医学校增设工科，更名为同济医工学堂；1917年大战期间由中国接收，定名为同济医工专门学校；1929年正式命名为国立同济大学。它是培育了解德国文化的中国知识分子和学者的主要渠道。1936年同济大学设医学院、工学院和理学院三院，并附设技师学校、高级职业学校、高级中学、德文补习科及实习医院、实习工厂等。建校初期，任教的多系德国学者，至1937年尚聘请多名德籍教师；教学上使用德语教学，注重理论与实际相结合，以完备的设施和敦厚的学风为社会所注目。

中国学生留学德国，开始于19世纪70年代，以学习军事、技术、造船为主。第一次世界大战后，留德学生数量增多。因德方没有提供奖学金，中国留学生绝大部分是自费出国。根据1921年《中德协定》的附加换文，德国政府同意提供奖学金，接受中国学生入德国高等学校或为中国学生提供实习场所，中国学生可以直接前往德国。在战后德国通货膨胀时期，中国学生去的不少。1924年仅柏林一地就有1000人。1925年中国留德学生人数为232人，1926年为214人，1926—1927年为193人，1927—1928年为174人。欧洲经济危机爆发年代，1928—1929年降到153人，1933—1934年上升到219人。[①]中国留德学生主要集中在柏林、慕尼黑、耶拿、达姆施塔特、不伦瑞克、汉诺威等城市的大学和工科高等学校学习，

① 《外国留学生情况汇编》（*Die ausländischen Studierenden nach Semestern und Ländern*），载《德国高校统计》（*Deutsche Hochschulstatistik*）第8卷，柏林，1934年版第72~73页。

主攻专业分别为技术科学、自然科学、医学、化学、国民经济学和哲学。他们中后来有不少成为中国著名人物。蔡元培（1868—1940）1907—1911 年在德国，先在柏林大学，后在莱比锡大学学习，1912 年回国后出任南京临时政府教育总长，坚持威廉·洪堡的教育观点和教育改革。他后来多次去德国考察和访问，1917 年任北京大学校长，积极支持中国的新文化运动，提倡学术研究，主张对新老思想“兼容并包”。还有一系列政治家曾到德国留学、游学或寻求救国之道。其中周恩来 1923 年曾在格廷根大学居留，朱德 1923—1926 年也在格廷根大学学习，他们后来都是中华人民

18 世纪末的格廷根大学图书馆

共和国的开国元勋。朱家骅（1893—1963）1914—1922 年留学德国，10 年后成为国民党政府教育部部长，在中德文化交流中起过桥梁作用。蒋纬国 1926—1938 年在德国学习军事学，先在密滕瓦尔德的山地野战师当士兵培训，后入慕尼黑陆军军官学校学习。

从“一战”结束到“二战”结束这段时期在中德文化交流中起重大作用的首数 30 年代初成立的北京（当时称北平）中德学会（Deutschland-Institut）。这是中德两国学术界人士首创的、从事中德文化交流的纯学术机构。从德国学术界方面说，无论是“中国学院”的院长卫礼贤还是汉堡大学中国语言和文化研究所创立者、柏林大学教授福兰阁，都努力促成在中国成立一个从事中德文化交流的中心机构。福兰阁说，“莱布尼茨在几世纪以前所办过的事情，现在已经开始实现”“我们应把中国文化建立在真实上”。[①] 从中国知识界和学术界方面说，越来越迫切需要全面深入了解德国，首先是德意志民族的精神和文化——它的自强之道，因而迫切需要一个文化交流的中心和机构。在中国的传统文化中心北京，德国的汉学家和中国的留德学者开始行动起来，创办研究德国文化的协会。卫礼贤的儿子、北京大学的德语教师（后为教授）卫德明（Helmut Wilhelm）和中国学者郑寿麟给创办中德学会以最初的推动。卫德明建议按法兰克福的中国学院模式成立中德学会，新任驻华公使（不久升格为大使）陶德曼博士（Dr. Oskar P.T rautmann，1877—1950）也亟表支持。他们在 1933 年 3 月 27 日的

① 《西洋人对中国文化观念的变迁讲演词》，载中文本《中德学志》第 5 卷 1、2 期合集，北京，1941 年版第 116 页。

中德人士会议上，组成筹备委员会。5 月 4 日筹备完成，定名为中德文化协会（Institut für deutsche Kultur），后因南京亦有同名协会（朱家骅促成的），遂于 1935 年更名为中德学会（Deutschland-Institut）。

在 1933 年 5 月 4 日的成立会上，学会再次明确了成立之目的："沟通中德两国之文化与学术，促进两国人士对两国固有文化与学术的相互认识。"学会还确定了创办之宗旨："纯以研究中德两国之学术，沟通两国之文化，增进两国学术之合作，促进两国人士对两国固有文化与学术的彼此深刻了解。"规定了任务：①为热心于中德文化研究的两国学术文化界人士提供种种方便条件，促进研究的深入；②成为两国旨趣相同的学术文化界人士的联络中心。成立会上还推举出董事，他们都是当时中国学术界、教育界的泰斗和外交界的耆宿，大多是留德学者或同德国有着深厚渊源关系者，他们是：蔡元培博士（南京中央研究院院长）、丁文江博士（北平地质调查所所长）、傅斯年博士（北京大学教授）、戈绍龙博士（广西大学医学院院长）、蒋梦麟博士（北京大学校长）、胡适博士（北京大学文学院院长）、胡庶华博士（湖南大学校长）、马君武博士（广西大学校长）、梅贻琦博士（清华大学校长）、罗家伦博士（南京中央大学校长）、翁之龙博士（同济大学校长）、吴祥风博士（北平医学院院长）、徐诵明博士（北平大学校长）、张伯苓博士（南开大学校长）和朱家骅博士（南京国民政府交通部长）等 21 人。中德学会还特邀陶德曼大使和当时的教育部部长王世杰博士为名誉会长，以便于争取中德两国政府和官方名流的支持。

冯至

中德学会在名誉会长和董事会之下，设中国籍常务干事和德国籍常务干事各一名，总揽中德学会会务，配有秘书组协助工作。常务干事下设立三个委员会，分别为总务委员会、编译委员会和图书委员会，其下相应设置总务组、翻译组和图书组三组，开展具体工作。在中德学会成立的最初几年，取得了不菲的成绩。特别在1935年中国学者冯至博士（1905—1993）和德国人辅仁大学教授谢礼士博士（Dr. Ernst Schierlitz）被推为主持工作的常务干事后，工作更是有声有色。冯至毕业于北京大学德语系，20年代后期已是著名的青年诗人和日耳曼学学者，1930—1935年留学德国，在柏林和海德贝格大学攻读德国文学和哲学，是时刚从德国返回，愿为中德文化交流做贡献。冯至是一位爱国的民主学者，他希望通过介绍德意志民族的自强自立精神与优秀的民主文化，增进中国人的民族、民主觉悟。谢礼士醉心于学术，是中国文化的崇拜者，全心致力于中德文化交流工作。他们两人通力合作，重新规划会务。按冯至、谢礼士规划，总务组的工作范围有了扩大，具体说来：一是成立了咨询处，为留德旅德学人及对德国文化、教育、学术有兴趣者，提供各种帮助及方便；二是与德国学术交流中心（DAAD）、柏林德国国外书籍交换处、慕尼黑德意志科学院（今日之“歌德学院”）等建立联系，并成为它们在华的代理，把它们的各种学术杂志书报赠与中国读者；三是为中国学者介绍和申请洪堡研究奖学金；四是创设德语补习夜校；五是举行友谊联欢和茶话会。他们特别重视翻译组的工作，特别重视编译《中德文化丛书》，要把德国人文科学和自然科学中第一流的学术著作，系统地介绍给中国。为此，中德学会充实了《中德文化丛书》的选题，大力推进丛书的编译和出版。此外还组织编写各级学校所需的德语教本，创编《中德学术特刊》。1936 年时，《中德文化丛书》已出版两种（《魏兰之介绍》、席勒的《阴谋与爱情》），印刷中的两种（凯申石坦奈的《工作学校要义》、哈勒尔的《德国史纲》），已完稿的六种（《德国五十年来之学术》、德罗斯特 - 胡尔斯霍夫的《犹太榉树》、施托姆的《忏悔》《德国青年旅舍》、席勒的《叛谋》、克劳纳尔的《女青年心理》），编译中的四种（海特纳尔的《国志学纲要》、裴斯塔洛齐的《儿童教育》《歌德席勒通讯集》、尼采的《札拉图斯特拉如是说》），计划中的三种（文特尔邦特的《西洋哲学史》《卡尔大帝》《俾斯麦的事迹》），可说成绩不菲。1937 年 5 月抵达北京的福兰阁的儿子傅吾康博士（Wolfgang Franke，1912—2007）加盟中德学会，使学会的学术力量更为加强。但这时冯至博士已离开中德学会去了南方，这位爱国的民主学者不愿在日本人控制和占领下的北京工作。1937 年七七事变后，北京的中德学会开始散乱，前景堪忧。多亏傅吾康博士的大力承担和全力支应，总算保持了中德学会及其学术工作。在日伪统治北京期间，中德学会依然是一个纯学术的研究机构，而且是非纳粹的、亲中国的中德学术交流机构，因为傅吾康本人就是一位非纳粹的、亲中国的汉学家。

1939 年，中德学会成立了由傅吾康领导的新的编译委员会，创编《研究与进步》（*Forschungen und Fortschritte*）季刊，刊登德国人文科学和自然科学各个领域中最新的研究成果和发明发现，1940 年改版为《中德学志》（*Aus deutschem Geistesleben*），扩充篇幅，增订内容，专注人文科学的编辑和论述，并增载关于研究中国学术的文章。此外学会还编译出版、翻印其他杂志和书籍。这些成果，均称得上是中德文化交流史上的精品。也正是在这个时期，傅吾康奠定了战后德国新一代汉学家权威的地位。他是国际上公认的明史专家。[①]

可以说，1937 年后的中德学会，是保持中德文化交流的唯一渠道。

---

① 我国著名学者季羡林教授是这样来谈傅吾康的："德国学术，不管是社会科学，还是自然科学，成绩斐然，名家学者灿如列星，在国际上一向享有盛名，受到各国学者的热烈赞扬。据我自己的管见，最重要的原因就是举世异口同声说的'德国的彻底性'。""傅吾康教授，是我的老朋友，他的治学态度和治学方法，我是一向钦佩的。过去的不必说，就拿眼前傅所进行的工作来说，也可以充分表现出这些特点。傅先生正在进行东南亚华侨问题的研究。……他锲而不舍，决不后退，甚至一件不太重要的资料，也决不放过。数十年如一日，勤勤恳恳地工作着。'德国的彻底性'，在他身上难道还不是表现得很具体，很充分吗？这一点是很值得我们学习的。"《德国学术论文选译·序》，香港，1981 年版，第 6 页。

主要参考文献：

1. Leutner，Meehthild（Hrsg.），*Chinesisch-deutsche Beziehungen，Quellen und Materialien*，8 Bde，Berlin，1995—2000.（罗梅君等主编：《中德关系原始资料和文献》8 卷本）

2. Bauer，*Wolfgang，China und die Fremden*，München，1980.（鲍威尔：《中国和外国人》）

3. Brandt，Max V.，*33 Jahre in Asien，Leipzig*，1901.（巴兰德：《亚洲三十三年》）

4. Fabritzek，Uwe G，*Gelber Drache，Schwarzer Adler*，München，1973.（法勃利策克：《黄龙，黑鹰》）

5. Franke，Wolfgang，China und Abendland，Göttingen，1962.（傅吾康：《中国和欧洲》）

6. Goethe，J.W.V.，*Sämtliche Werke，* Stuttgart-Berlin，1902—1912.（歌德：《歌德全集》）

7. Reichwein，Adolf，*China und Europa*，Berlin，1923.（赖希魏因：《中国和欧洲》）

8. Wilhelm，Richard，*Ostasien，Werden und Wandel des chinesischen Kul-turkreises*.（卫礼贤：《东亚，中国文化圈的形成和变化》）

9. Deutsches Zentralarchiv，*Tagebuch Waldersees*.（德意志中央档案馆藏：《瓦德西日记》原件 16 册）；*Privatakten des Oberbefehlshaber in Ostasien*.（《瓦德西元帅在东亚的私人档案》原件 2 册）

10. 张德彝：《随使德国记》（《五述奇》，原件，北京图书馆藏）。

11. 冯承钧：《西力东渐史》，新民印书馆，1945 年。

12. 周一良主编：《中外文化交流史》，河南人民出版社，1987 年。